新时代中青年学者文库·金融学

银企关系、债务治理与借款公司的会计稳健性

郑路航 著

Bank-firm Relationships,
Debt Governance and Borrowers'
Accounting Conservatism

中国财经出版传媒集团
中国财政经济出版社

图书在版编目（CIP）数据

银企关系、债务治理与借款公司的会计稳健性 / 郑路航著．—北京：中国财政经济出版社，2019.4

ISBN 978-7-5095-8914-4

Ⅰ．①银… Ⅱ．①郑… Ⅲ．①银行-关系-企业-研究-中国 ②企业债务-研究-中国 ③企业管理-会计管理-研究-中国 Ⅳ．①F832.2 ②F279.23

中国版本图书馆 CIP 数据核字（2019）第 050660 号

责任编辑：彭　波　　　　责任印制：刘春年

封面设计：卜建辰　　　　责任校对：张　凡

中国财政经济出版社 出版

URL：http://www.cfeph.cn

E-mail：cfeph@cfemg.cn

社址：北京市海淀区阜成路甲 28 号　邮政编码：100142

营销中心电话：010-88191537

北京财经印刷厂印装　各地新华书店经销

710×1000 毫米　16 开　12.5 印张　200 000 字

2019 年 4 月第 1 版　2019 年 4 月北京第 1 次印刷

定价：68.00 元

ISBN 978-7-5095-8914-4

（图书出现印装问题，本社负责调换）

本社质量投诉电话：010-88190744

打击盗版举报热线：010-88191661　QQ：2242791300

前　言

本书以我国银行体制改革和国有企业改革为背景，密切关注了银企关系在银行借款的债务治理中所起的作用，具体来说，本书研究了银企关系对借款企业会计稳健性的影响。相对于权益市场，债务市场对稳健性有更高的要求。而作为债权人的银行对借款企业的会计稳健性有固有的偏好，特别是在不发达的国家和地区，强有力的银行比其他资本市场更能够促进企业会计信息的披露。在我国目前的金融体系中，银行贷款是我国企业最主要的外部资金来源。考虑到银行业在我国金融产业中所起的重要作用，我们预期我国企业的会计稳健性受到银行的影响很大。

除了银行在中国经济中所起的作用之外，债务契约安排的双方的所有权类型也存在显著的异质性，导致了不同所有权类型的企业与贷款的提供者即银行之间形成了差异化的银企关系，这就可能导致对会计稳健性的不同需求。此外，企业与银行在长期的借贷活动中形成的长期借贷关系以及由于银行向企业提供不同的贷款条件（如担保贷款和信用贷款）而形成的风险性不同的银企关系等也可能会对银行的会计稳健性需求产生影响。鉴于此，我们提出了三个研究问题：(1) 作为贷款人的银行和作为借款人的企业，它们所有权性质的不同是否会影响到银行对借款企业会计信息稳健性的需求？（2）在借贷交易中，银行与企业的长期合作是否会影响到银行对借款企业会计信息稳健性的需求？（3）银行向借款企业提供的贷款的差异化条件（担保贷款还是信用贷款）是否影响银行对借款企业会计信息稳健性的需求？

针对上述需要研究的问题，本书以2007~2009年我国A股上市公司为分析样本，在借鉴国内外相关文献的基础上，从产权安排、长期借贷关系和贷款担保三个视角检验了银企关系对借款企业会计稳健性的治理作用。

本书得出了以下研究结论：（1）国有企业和非国有企业的会计稳健性之间存在显著的差异，非国有企业的会计信息更稳健，加入控制变量之后得出的结果和进行分样本检验的结果是一致的。研究还发现，从国有银行取得贷款的比例越高，借款企业的会计信息越不稳健，从国有银行借款降低了借款企业的会计稳健性。进一步的研究发现，国有政策性银行比国有商业性银行对会计稳健性有更低的需求，表现在与商业性国有银行相比，企业从政策性国有银行取得贷款的比例与会计稳健性的负相关关系更加明显。（2）企业长期借款在外部借款中的比例越高，企业的会计信息越不稳健，说明长期借贷关系降低了企业的会计稳健性，在加入控制变量之后得到了一致的结论。此外，研究还发现，相对于非国有控股的上市公司，国有控股上市公司的长期借款在外部借款中所占的比例与会计稳健性的负向关系更加不明显，说明长期借贷关系对企业会计稳健性的治理作用受到国家所有权安排的影响和制约。（3）企业有担保的借款在外部借款中所占的比例越高，企业的会计信息越不稳健，贷款担保降低了企业的会计稳健性。研究还发现，相对于非国有企业，国有企业有担保的借款在外部借款中所占比例与会计稳健性的负向关系更加不明显。进一步的研究发现，不同的担保方式对企业会计稳健性的影响是不同的，与保证的担保方式（属于法人担保）相比，抵押和质押（属于物的担保）的担保方式与企业会计稳健性的负向关系更为明显，原因就在于选择抵押、质押等担保方式的借款人比选择保证担保方式的借款人向贷款人传递了一种更高质量和更低违约风险的信号，导致贷款人降低了对借款人的会计稳健性需求。

本书的创新之处和贡献主要体现在以下几个方面：

第一，本书通过检验贷款人的所有权特征如何影响借款企业的会计稳健性，补充和拓展了有关债务契约双方特征与贷款人的会计稳健性需求之间关系的文献。已有的研究主要集中于借款人的特征和贷款人对会计稳健性的需求之间的关系上，本书主要集中于中国的制度背景下，从债务契约安排的双方研究了不同的借款人和贷款人所有权特征所形成的不同的银企关系如何影响银行对借款企业的会计稳健性的需求，即检验了借款人和贷款人的国有产权对借款企业会计稳健性的影响。在已有的财务文献中出现了不少研究国有产权与企业业绩或银行业绩的文献，在已有的会计文献中也出现了不少研究国有产权与审计师选择、审计质量等的文献，本书则提供了借款企业和银行的国有产权与借款企业会计稳健性之间关系的证据。

第二，本书从债务契约的担保条款出发，进一步拓展了债务对借款人会计稳健性的公司治理作用的文献。虽然已经有大量的文献从不同的方面研究了债务契约条款和借款人会计稳健性之间的关联性，但检验债务担保条款和借款人会计稳健性之间直接联系的文献却比较少，文献中鲜有涉及。债务契约对担保条款的使用实际上体现了风险性不同的银企关系。不同于已有的检验债务契约条款和借款人会计稳健性之间直接联系的文献，我们的研究发现了债务契约中对担保的使用与借款企业会计稳健性之间的负向关系，得到了贷款担保能够降低贷款人对借款企业会计稳健性需求的结论。通过进一步的分析，我们还发现了贷款担保的方式也会影响借款企业的会计稳健性需求，对已有的研究有了新的突破。

第三，本书对中国的银企关系在债务治理中的作用进行了较为全面的考察，丰富了已有的研究中国银企关系的会计和财务文献。本书认为，银企关系并不是一个单一的概念，在实务中银企关系可以体现为多个方面，并且可以通过银行与企业之间发生的各种交易实现。因此，研究银企关系也应当考虑到银企关系是一个“多面体”，而国内研究银企关系的文献大多是从某一个角度出发，集中于某一个方面研究银企关系的“一面”，没有对中国的银企关系有一个整体的把握。而本书从银企关系的三个不同的角度全面地分析了中国制度背景下的银企关系在借款企业会计稳健性中所起的作用，将对银企关系的研究提升到了一个更高的层次上。再者，我国是一个发展中国家，发展中国家金融体制的不完备使得银企关系在企业融资中更为重要，本书在中国的制度背景下研究中国的银企关系对会计稳健性的债务契约需求的影响更加具有现实意义。

作者

2019 年 1 月

目　　录

第1章 导 论

1.1 研究背景、选题意义与研究动机

1.1.1 研究背景

自20世纪80年代会计稳健性原则在我国逐步被应用之后，随着经济改革的深化，对稳健性会计信息的需求也是越来越大，并且会计稳健性也受到了国内会计研究者越来越多的重视。尤其是20世纪90年代以来，学术界开始重视债务治理作用于会计稳健性的治理后果。国内外大量的研究均表明，债权人在提升企业的会计信息稳健性方面起着非常重要的作用。

我国股票市场的发展非常迅速，从2002年到2010年年底，我国股票市价交易总值不断攀升，2010年的股票交易市值总额大约是2002年股票交易市值总额的7倍。尽管中国股票市场的发展如此迅速，然而由于我国债券市场的不发达，我国企业仍然大量地依靠银行取得贷款。在我国目前的金融体系中，银行贷款是我国企业最主要的外部资金来源。根据中国人民银行公布的金融机构信贷统计数据（见表1－1），截至2010年年底，我国各类金融机构所提供的人民币各项贷款（包括短期贷款、中长期贷款、信托类贷款和其他贷款）总额为47.92万亿元，是同期深沪两市发行总股本的17.75倍，同时也是同期深沪两市股票交易市价总值的1.81倍。自2001年年底我国加入世贸组织（WTO）之后，2002～2010年的九年间，我国各类金融机构提供的人民币各类贷款（包括短期贷款、中长期贷款、信托类贷款和其他贷款）的余额趋于逐年增加的趋势（见图1－1），从2002年的13.13万亿元增加到了2010年的47.92万亿元，大约增长了3.7倍，这在一定程度上说明了我国企业对金融机构的贷款的需求一直在不断加大。

表1－1 2002～2010年我国金融市场资金来源比较 单位：万亿元

年份	2002	2003	2004	2005	2006	2007	2008	2009	2010
贷款余额	13.13	15.9	17.74	19.47	22.53	26.17	30.34	39.97	47.92
股票交易市价总值	3.83	4.25	3.71	3.24	8.94	32.71	12.14	24.39	26.54
发行总股本	0.55	0.6	0.68	0.72	1.27	1.7	1.89	2.06	2.7
贷款总市值之比	3.43	3.74	4.78	6.01	2.52	0.8	2.5	1.64	1.81
贷款总股本之比	23.87	26.5	26.09	27.04	17.74	15.39	16.05	19.4	17.75

注：贷款余额指人民币贷款余额，不包括外币贷款。
资料来源：中国人民银行调查统计司统计数据。

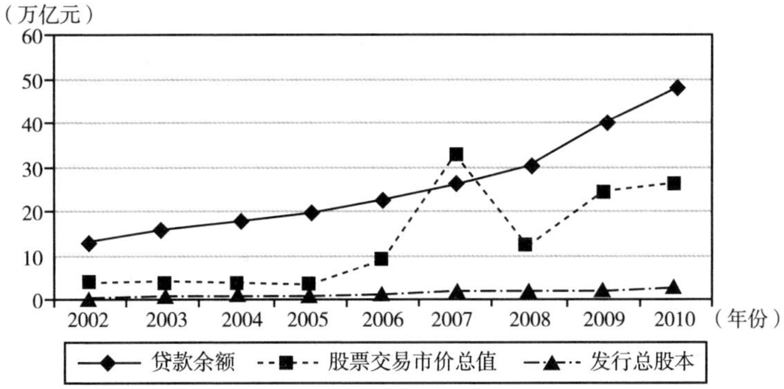

图1－1 我国2002～2010年金融市场资金来源趋势

已经有许多研究表明，银行与企业之间的关系会影响银行对企业的贷款决策。尤其是在中国、印度等转型经济和发展中国家，这些国家的金融体系发展不甚完善，也缺乏对债权人进行法律保护的法律体制，可能无法满足企业的融资需要，严重阻碍了经济的增长。银行与企业之间的关系在不同的政治、经济、历史条件下又不可避免地存在不同的制度安排特点，两者的结合程度在不同的经济社会环境中具有明显的差异（王江，2002）。长期以来，由于我国特殊的制度背景和金融市场发展的历史，导致了国有银行是我国金融机构的主体，国有企业是我国上市公司的主体。因此国有银行对国有企业的贷款受到其共同控制人即政府的干预非常严重，使得原本存在于债权人和债务人之间的利益冲突被内部化了，政府主要是从自己的政治目标或社会目标函数出发调整国有银行和国有企业的行为，甚至通过牺牲国有银行的利益来保证国有企业的利益。这样的利益协调机制的存在使得国有银行对国有企业会计信息质量的稳健性需求被大大降低，国有企业的会计稳健性程度很低。而非国有企业与国有银行之间不存在这样的利益协调机制，非国有企业与国有银行之间的贷款行为更多的是按照市场化的原则来进行的。然而，这并不必然表明非国有企业与国有银行之间不存在借贷之外的任何关系。为了获得更多的银行贷款，有些非国有企业通过与政府建立政治联系，或者寻求与银行的私有关系等方式增强获得融资可能性。这种非国有企业寻求银行关系的行为，不仅能够帮助非国有企业获得更多的和更优惠的贷款，而且还可能会降低银行对非国有企业会计信息稳健性的需求。

自 1978 年改革开放以来，我国银行业的发展也经历了巨大的变革。特别是 2003 年之后，为了应对加入世贸组织的挑战，我国第二次全国金融工作会议启动了国有商业银行的改革，改革的目标是将国有独资商业银行转变为国家控股的股份制现代商业银行。2010 年 7 月，随着中国农业银行的成功上市，我国的国有股份制商业银行改革顺利完成，实现了由国有独资银行向股权结构多元化的公众持股上市银行的历史转变，标志着中国银行业的全面改革取得了重大的成就。并且在 2001 年我国加入世贸组织以后，银行业对外开放进入了高速发展阶段，越来越多的外资银行进入中国的金融市场。截至 2010 年年底，14 个国家和地区都在中国设立了外商独资金融机构和中外合资金融机构。这些外商独资金融机构包括外商独资银行和外商独资财务公司，还有更多的国家和地区在我国设立了外国银行的分支机构和代表处，这些外资金融机构在我国具体的分布情况如表1－2所示。

表1－2 在华外资银行业金融机构情况（截至2010年年底）

	外国银行	独资银行	合资银行	独资财务公司	合计
法人机构总行		37	2	1	40
法人机构分行及附属机构		223	7		230
外国银行分行	90				90
总计	90	260	9	1	360

资料来源：中国银监会2010年度报告。

随着我国金融体制改革的进行，银企关系正逐步脱离政府的干预，按照市场经济原则发展，必然会对长期以来形成的传统的银企关系产生影响。国有股份制商业银行的改革之后，原有的国有银行逐步变成独立的市场主体，政府对银行的贷款行为施加较少的干预，国有银行与国有企业之间的非刚性的借贷关系会受到冲击，可能会缓解原有的国有企业和国有银行之间不合理的债权债务关系。此外，改革过程中外资银行的进入，使得中资银行面临更大的挑战，但同时也拓宽了企业尤其是民营企业、中小企业的融资渠道，企业在贷款决策和关系银行的选择方面有了更大的空间。金融体制改革之后，我国的银行业形成了多种性质的所有权并存的局面，除了国家所有权之外，外资所有权等私有产权也大量地参与到我国的银行机构中。正是在我国银行业改革开放40年这样的背景下，本书力图探讨不同的产权安排、不同的借贷关系和不同的贷款条件形成的银企关系在银行借款的债务治理中所起的作用，检验了银企关系如何影响借款公司的会计稳健性。

1.1.2 选题意义

本书的研究具有以下理论和现实意义。

第一，丰富了会计稳健性的债务契约解释的理论文献。Watts（2003）将契约归结为会计稳健性产生的四大因素之一，并认为债务契约是会计稳健性产生的最主要的原因。除了 Watts（2003）之外，国外还有许多其他的学者也认为债务契约中的约束条件是会计稳健性的主要根源。例如，Holthausen 和 Watts（2001）研究发现，与公认会计原则（GAAP）中的规定相比，债务契约中的约束性条款要更加重视会计稳健性。Ahmed 等（2002）也认为，为了减少风险和激进的会计报告所带来的预期损失，债权人需要稳健的会计而不是无偏会计。Ahmed 等（2002）发现，股东与债权人的冲突越大，会计信息的稳健性程度越高。这些学者提供的理论和实证证据均证明了债务契约在促进企业会计稳健性提升方面的重要作用。在我国，不少学者采用实证的方法考察了债务及产权性质对会计稳健性的影响，如孙铮（2005），朱凯、陈信元（2006）等，这些研究虽然得出了基本一致的研究结论，但并没有对银企关系进行多角度的考察，本书的研究则从产权安排、长期借贷行为和贷款担保的银企关系视角研究银企关系对会计信息稳健性需求的影响，丰富了会计稳健性的债务契约解释的理论文献，具有重要的理论意义。

第二，本书的研究对于我国国有企业和国有银行的产权制度改革具有重要的现实意义。许多学者都认为国有产权的效率低于私有产权的效率，例如，张五常（2004）认为，国有企业的低效率是内在的、固有的，是由国家作为企业所有者这种外生制度安排所决定的；张维迎（2000）也认为产权改革是国有企业改革的关键。本书的研究结论也表明银行和借款企业的国家所有权均会降低银行对借款企业的会计稳健性需求，从而降低了借款企业会计信息的质量。虽然我国国有企业和国有银行的产权制度改革早已开始实施，也取得了一定的改革成效，但并未从根本上解决深层次的矛盾，使得产权改革不彻底，不利于银行和企业各自经营目标的实现，阻碍了市场经济的发展。从这一点上来说，政府应当采取积极的措施进一步推动国有银行和企业的产权制度改革，逐步改善企业预算软约束的经营环境，这样才能从根本上解决所有权不平等所带来的一切问题，有助于银行资产质量的提高和企业会计信息质量的提高。

第三，本书的研究对于会计信息监管者从政策指导、法律规范等宏观层面实施改革来提升会计信息质量具有重要的指导意义。债权人在提升企业会计信息质量中的作用已得到众多学者的普遍认可，本书的研究也得出了一些有价值的结论，企业的银行借款能够约束借款人的会计行为，以银行为代表的债权人确实可以通过债务契约的条款来影响借款人企业会计信息的稳健性。根据这一结论，我们应当充分发挥银行在提升借款人企业会计信息质量中的作用，促进银行监督的治理效果。然而我国在保护债权人契约权利实施方面的法律制度还不是很完善，同时也缺乏债权人保护的政策引导等宏观政策环境。因此，对于会计信息的监管者来说，完全可以从政策指导、法律规范等宏观制度层面采取一些积极的措施来保证债权人权利的实施，为债权人发挥监督会计信息的作用创造一个有利的环境，促进债权人在提升企业会计信息质量中作用的发挥。

1.1.3　研究动机

从我国金融市场贷款资金供给的背景来看，在我国这样特殊的背景下，可以推断，会计信息最大的需求者不仅包括股票市场上的投资者，而且还包括作为债权人的银行。Ball 等（2008）发现相对于权益市场，债务市场对稳健性有较高的要求，因为债务契约使用报告的数据，而权益市场却不会评价这样的财务报告，因为它们控制了包含在权益价格中的总信息。因此，会计稳健性对于债务资本市场的重要性要比稳健性对于权益资本市场的重要性更大一些，我们推断债务资本市场是会计稳健性需求的主要来源。考虑到银行业在中国的金融产业中起着决定性的作用，我们预期中国企业的会计稳健性受到银行的影响很大。也有学者的研究证明了这一点，Beck 和 Levine（2002）认为，作为债权人的银行对借款人的会计稳健性有着固有的偏好，特别是在不发达国家，强有力的银行比权益资本市场能更好地促进借款人披露会计信息。除了银行在中国经济中所起的作用之外，债务契约安排的双方所有权类型也存在显著的异质性，导致了不同所有权类型的企业与贷款的提供者即银行之间形成了差异化的银企关系，这就导致了对会计稳健性的不同需求。因此，在我国的制度背景研究银企关系对会计信息质量的表现之一——会计稳健性的影响具有非常重要的价值。

尽管银企关系对会计信息稳健性的重要性很大，然而，目前我国学术界对这方面的系统研究并不多见。只有朱凯和陈信元（2006）、刘运国等（2010）从企业的产权性质的角度研究了银企关系对会计稳健性的影响。而在印度、中国等这样的发展中国家，金融制度和法律体制的不完备可能使得银企关系对于这些国家企业的成长和所生产的会计信息的质量更为重要。在我国的制度背景下，笔者认为银企关系是多方面的。诚然，产权的安排会使得国有企业和非国有企业的银企关系有着显著的差异，但我国的银企关系还表现为其他的方面，如企业与银行在长期的借贷活动中形成的超出一般借贷关系的亲密银企关系、由于银行向企业提供不同的贷款条件（如担保贷款和信用贷款）而形成的风险性不同的银企关系。在基于长期借贷行为而形成的银企关系中，借款企业会对其关系银行披露一些不会对资本市场披露的信息，而关系银行则在长期的借贷活动中或者在向企业提供的多种业务活动中能够获取到更多的其他债权人所无法获知的信息，关系银行对这些额外信息的获取可能会降低其对借款客户会计稳健性的需求。在因不同的贷款条件形成的银企关系中，信用贷款面临的风险比有担保的贷款面临的风险要高一些，而对银行来说会计稳健性本身就是为了补偿未来可能出现的风险而对借款企业会计信息提出的一种正常的要求，因此，银行必然会对风险较高的信用贷款提出更高的稳健性要求。基于以上原因，本书拟从产权安排、长期借贷行为和贷款担保的银企关系视角研究银企关系对会计信息稳健性需求的影响。

1.2 研究范围及问题的界定

1.2.1 主要概念的界定

1.2.1.1 银企关系的概念

银行与企业的关系是现代市场经济运行中最重要的经济关系之一。然而，不管是在国内还是在国外的金融文献中，均没有一个权威的银企关系的定义，更不存在正式的官方定义或法律上的定义。其原因并不在于银企关系对于银行或企业双方主体不重要，而是银企关系的产生和发展无法脱离一定的社会经济体制，必然受到所在国家金融体制和金融政策、法律环境等因素的制约，而研究者对银企关系的研究往往是在特定国家的特定背景下进行的，因此导致了不同的学者对不同国家银企关系的理解存在一定的差异性。

国内的几个学者从宏观的意义上对银企关系进行了定义。王欣欣、周庭煜（1996）认为银企关系主要是指银行与企业在社会经济活动与社会再生产中的广泛联系，以及这种联系对国民经济发展的作用及作用方式与力度，其实质是银行与企业之间为实现各自利益而实行的资金联结方式及这种联结产生的微观经济效益与宏观经济效益评价。徐联初和肖晓光（2001）指出，广义的银企关系是指银行与企业之间的一切关系的总和，它包括银行与企业之间的相互信任关系、融资关系、控制权关系等，从契约经济学的角度讲，银行与企业的关系实际是银行与企业之间的一组契约组合，而狭义的银企关系就是银行与企业之间的信用关系，也就是信用契约关系。

虽然国外已有大量的文献研究了银企关系的存在和对双方经济行为的影响，然而在这类研究中，学者们对银企关系的表述方式却是不一样的，有的研究使用 bank/banking relationships（Ongena and Smith，1998；2000；2001；Detragiache et al.，2000；Yasusa，2007；Berger et al.，2008）和 lending relationship（Petersen and Rajan，1994；Farinha，2002；Bharath et al.，2007）来表述银企关系，有的研究使用 relationship banking（Boot，2000；Boot and Thakor，2000）表述银企关系，也有少数研究使用 bank – firm relationships（Ferri and Messori，2000）来表述银企关系。由以上学者们对银企关系的多种表达方式可知，银企关系是一个非常宽泛的概念。

不同的学者从不同的角度提出了自己对银企关系的看法。Petersen 和 Rajan（1994）把银行和企业之间“亲密和持续的联系”定义为银企关系，认为通过这种“亲密和持续的联系”，银行借以获得有关企业的充分的信息，对企业的事务有发言权，这样就降低了交易成本，增加了企业可用的贷款额度；Ongena 和 Smith（2000）将银行关系（bank relationship）定义为“银行与客户企业之间超出简单的匿名的金融交易之外的一种联系”；Boot（2000）把关系融资（relationship banking）定义为通过下述方式提供金融服务：一是为获得顾客的私有信息进行投资，二是通过在一段时间内或者提供多种服务的方式与同一顾客建立的多元联系，评价这些投资的效益。从以上定义中可以看出，国外的学者对银企关系有一致的理解，即如果一个银行向一个企业提供服务的决策是基于借款人特定的信息，这些特定信息是银行从与企业的亲密联系中收集的只被借款人和银行所知的专属信息，那么银行和企业之间就存在关系（relationship）。

国外的学者一般从两个维度来对银行关系进行具体的定义。一是时间（time），关系的重要性取决于银行和企业之间所建立的联系的持续时间的长度，例如，Wood（1975）认为，当“贷款的当前质量会进一步影响到未来贷款需求的大小”时，贷款客户关系存在；Rajan（1997）解释，“在显性契约不充分但双方之间的长期联系使双方受益的情况下，关系可能会形成”。二是范围（scope），指的是银行提供给客户的服务种类的多少。如 Hodgman（1963）认为，顾客关系是“能够显示商业银行独特特征的一系列客户服务、贷款和存款的战略连结”。

与国内的几位学者相同，本书中所称的银企关系也是一种广泛的意义上的银企关系。本书认为，银企关系是指银行和企业之间通过直接或者间接的交易，或者在交易之外的因素（如政府）的干预下形成的所有关系的总和，这些关系可能以银行与企业之间的契约连接为载体，也可能是没有物质载体的信用关系。银行与企业之间的直接或者间接交易所形成的银企关系是一种微观层面的银企关系，主要是以债务契约为载体的，而在交易之外的因素的干预下形成的银企关系是一种中观或者宏观层面的银企关系，往往是没有物质载体的。对于前者，本书主要从期限条款和担保条款形成的银企关系出发来研究，因为我国政府对利率有比较紧的控制，可能会限制利率条款因素对会计稳健性的影响。对于后者，本书主要研究产权安排这个中观层面的因素影响下的银企关系，因为宏观层面的货币政策波动因素难以控制。

1.2.1.2 会计稳健性（accounting conservatism）之辨析

（1）有关会计稳健性的新进展。

虽然 Sterling（1970）把稳健性原则列为会计学最重要的原则，然而最近国内外学术界就稳健性计量的问题一直存在很大的争议。最新的国际会计准则在财务信息的质量特征中已经摒弃了“稳健性”（prudence）的说法，而代之以“中立”（neutral）。

实际上，国际会计准则委员会（IASB）在 2001 年通过的《财务报告的编报框架》（*Framework for the Preparation and Presentation of Financial Statements*）中对中立性就有所表述，它指出，“要使财务报告

更可靠，财务报表中所包含的信息还必须是中立的，也就是无任何偏见的。如果为了达到一个预定的结果，通过对信息的选择和列报，而影响了信息使用者的判断或决策，那么财务报表就不是中立的了。”然而该框架仍对稳健性有所重视，同时指出“……在编制财务报表过程中还要考虑到不确定性并实施必要的审慎（prudence）。审慎是指在不确定性条件下做出估计时，要进行谨慎的判断，以便不高估资产或收益，也不低估负债或费用。”但是，它认为，“实施审慎性原则并不允许设立秘密储备金和过度提取准备金，故意压低资产或收益，或者故意抬高负债或费用等，因为这样编制出来的财务报表不可能是中立的，从而也就不会具有可靠性。”

然而，最新的国际会计准则中已经不再提出会计信息“稳健”的要求了。IASB 发布的《2010 财务报告概念框架》（*The Conceptual Framework for Financial Reporting* 2010）第三章指出，“会计信息的基本特征是相关性（relevance）和忠实表达（faithful representation）。财务报告是用语言和数字来反映经济现象的信息。要想成为有用的信息，财务信息必须不仅要反映相关的现象，而且必须要忠实地表达它意欲反映的现象。忠实表达需要满足三个特征：完整的（complete）、中立的（neutral）和无偏的（free from error）。”对于什么是中立的会计信息，IASB 这样表述，“中立表达是指在选择或者列报财务信息时应当没有偏见。中立表达不是有偏见的、有所侧重的，也不是强调某类信息或者不强调某类信息，更不是通过操作以增加有利于或者不利于信息使用者的概率。中立的财务信息并不意味着信息是没有目的的或者是对行为没有影响的。相反，相关的财务信息对信息使用者的决策有着重要的影响。”

美国财务会计准则委员会（FASB）也一直比较倚重中立性，在其 1980 年发布的《财务会计概念公告第 2 号》中强调，“中立性的意思是，在构建或者实施准则时，最主要的考虑应当是信息的相关性和可靠性，而不是新的规则对某一利益方产生影响。对不同会计方法的中立的选择不应当偏向一个事先确定的结果。财务会计的目标应当服务于许多不同的信息使用者，这些不同的信息使用者有不同的利益，没有一个事先确定的结果可能满足所有的利益。”

为什么国际会计准则对会计稳健性越来越不倚重？对此，笔者认为，根本的原因是由外部经济环境的变化导致的。任何事物都受到所在的外部环境的重大影响，会计学作为一门学科也不例外。会计学是用数字和语言来记录经济现象的一种管理活动，当外部经济环境发生变化时，会计的许多方面都会发生变化，包括会计信息使用者的要求。在会计产生之初和商业经济活动的早期，企业的投资者往往是自己进行经营或者控制，他们对有关企业经营活动的信息掌握得比较全面，因此投资者和经营者之间的信息不对称程度很低。由于债权人是向企业提供资金的外部机构，对有关企业经营情况的信息了解得比较少，因此债权人和经营者之间的信息不对称程度要高一些。这就导致了在这一时期债权人是企业会计信息的主要使用者，企业所提供的会计信息也主要是为债权人服务的，而债权人是稳健性会计信息的主要需求者（Ball et al.，2008）。Ahmed等（2002）也认为，为了减少风险和激进的会计报告所带来的预期损失，债权人需要稳健的会计而不是无偏会计，因此在这一时期的准则制定机构也是比较看重会计信息稳健性的。但是后来，随着经济的发展，企业所处的信息环境和资本环境均发生了很大的变化，导致企业的组织结构也产生了变异。资本市场逐渐形成并壮大，企业可以在资本市场上筹得大量的股权资本，并且投资者的数量不再是少数，而是很多分散的小股东，企业的所有权与经营权完全分离。这一变化的直接后果便是扩大了企业投资者和经营者之间的信息不对称程度，但债权人和经营者之间也仍然存在信息不对称。只不过相对大量分散的投资者而言，债权人的数量较少，并且规模较大，在获得有关企业的经营活动的信息方面存在相对优势。如果这时候仍然采用稳健的会计计量原则，那么那些大量分散的股权投资者就可能会遭受损失。因为对股权投资者来说，他们需要的信息不应当是稳健的会计信息，而应当是能够如实地反映企业经营状况的比较可靠的信息，即应当是不带任何偏见的中立的会计信息。这便是国际会计准则要求会计信息由“稳健”转向“中立”的原因。

（2）会计稳健性在中国。

尽管国际会计准则和美国会计准则都是越来越远离了“会计稳健性”的要求，然而中国的会计准则仍然保留着对企业会计信息稳健性的要求。在财政部2006年发布的《企业会计准则——基本准则》中，第十八条规定，“企业对交易或者事项进行会计确认、计量和报告应当保持应有的谨慎，不应高估资产或者收益、低估负债或者费用。”笔者认为，会计稳健性在中国的经济理论和经济现实中仍然存在是有其必要性的，这是由中国的资本市场环境等现实因素和会计所应当具有的预警作用决定的。

在本章的研究背景部分我们已经谈及，在我国目前的企业资本结构中，虽然股权融资占有一定的比例，然而与债务融资相比，仍然是比较少的。尤其是我国资本市场中的债券市场不发达，企业的债务资金来源主要来自银行的贷款。表1-1比较了九年间我国金融市场的资金来源，贷款资金来源总额平均是股权融资来源总额的21倍，即使是在金融危机发生的2007年，贷款资金来源与股权融资来源的比例也达到了15.4：1。在企业对债务资金的需求如此巨大的中国资本市场环境下，债权人不可避免地成为企业会计信息的主要需求者，这就决定了中国企业所提供的会计信息应当具有稳健性的特征，以满足债权人的需求。

此外，在会计实务中，中国企业家的会计行为具有激进的倾向。张为国和王霞（2004）的研究发现，公开披露“会计差错更正”项目的上市公司中，有86.4%的样本都是高报错误的样本，研究同时发现了这些高报盈余的会计差错有着明显的盈余管理的动机。不管管理者进行向上盈余管理是为了打破资本市场准入的限制，还是为了提高自己以会计盈余为基础的薪酬，都造成了企业管理者具有激进的会计行为的倾向。也就是说，在我国会计准则要求稳健的会计信息的规定与企业家激进的会计行为之间有一个错位。笔者认为，如果我国的会计准则也像国际会计准则那样不再强调会计稳健性，那么只能造成中国具有激进倾向的企业家在会计行为上更加激进，因此，中国的会计准则不应放弃稳健性的要求。

从理论上来说，笔者认为会计信息应当具有预警的作用。会计信息除了能够有助于信息使用者进行决策之外，还具有预警的作用，尤其是在外部经济环境非常复杂的情况下，会计信息的预警作用显得更为重要。例如，当金融危机发生时，会计信息的预警作用就可以警示投资者的行为，防止经济泡沫的不断膨胀。然而会计信息预警作用的发挥是以会计信息稳健性为前提的，如果会计信息不稳健，如是中立或激进的会计信息，可能不会引起或者推迟引起投资者的心理紧张情绪，没有起到预警的作用。因此，会计信息预警作用的发挥也需要稳健会计信息的配合。

从以上经济现实和理论上会计所应当具有的预警作用出发，笔者认为，会计稳健性在我国仍然有其存在的依据和理由，短期内，我国债权投资者和股权投资者对稳健的会计信息仍然有很大的需求。基于这样的观点，本书认为，在我国的背景下研究会计稳健性仍然具有重要的意义。

（3）会计稳健性的概念界定。

稳健性是在财务报告中被广泛运用的一种重要惯例，是财务报告的一个主要特征（Beaver，1998），它要求会计人员在确认收益和资产时要有足够的谨慎。稳健性对会计实务的影响悠长且深远，Basu（1997）指出，稳健性对会计实务的影响至少已经有500年了。Sterling（1970）把稳健性评价为会计中最有影响力的估值原则之一。

最早对稳健性进行定义的是Bliss（1924），他用会计师一般根据“不预期利润但是预期所有的损失”（anticipate no profits but anticipate all losses）的原则来表示稳健性。预期利润的意思是，在对产生利润的收入具有合法的要求权之前、在收入能够得以证实之前确认利润。稳健性并不意味着，在利润被确认之前，所有的与收入有关的现金流量都应当被收到（如赊销的确认），而是意味着这些现金流量应当是能够被证实的。在实证文献中，“不预期利润但是预期所有的损失”的原则被解释为“会计师在确认好消息带来的收益时比确认坏消息带来的损失时要运用更高的可证实标准”（Basu，1997）。

在后来的文献中，Watts 和 Zimmerman（1986）把稳健性定义为：稳健原则意味着会计人员应当从备选方案中选择一个最低的价值作为资产的报告基础，而对负债则应选择一个最高的价值作为报告基础。收入宁可推迟确认，也不可超前确认，费用宁可提前确认，也不可推迟确认。稳健性是对资产的低估和负债的高估。Watts（1993）假设会计稳健性是从会计的订约作用演化而来的，他指出，避免将财富不合理地分配给剩余索取权的持有人，是为了保护更高级的剩余索取权（如债权），这是稳健性存在的一种重要的契约原因。Watts（1993）认为，稳健性的影响是抵消了经理人员的乐观主义（因收益/盈余基础的薪酬计划所产生）。

Basu（1997）关于稳健性的定义有助于我们对会计稳健性的概念进行理解，他把稳健性定义为会计师在编制财务报表时，确认好消息比确认坏消息需要更高程度的证实标准。根据这一定义，盈余反映“坏消息”比反映“好消息”要更加迅速。

与 Basu（1997）相似，Watts（2003）认为稳健性是会计人员对收益和损失的确认具有不对称的可证实要求，因此稳健性程度就有了高低的差异：会计人员对收益确认和损失确认要求的可证实程度的差异越大，会计越稳健。

此外，会计准则制定机构和监管机构也对稳健性进行过官方的定义。APB（美国会计原则委员会）在第四号公告中宣称：“通常情况下，资产和负债是在高度不确定的状况下计量的。从历史上来看，在净收益和净资产的计量中，经理人员、投资者和会计师一般都比较偏好可能的误差被低估，而不是高估……编制财务报表时的不确定性主要反映为这样的一种趋势——提前确认不好的事件，最小化净资产和净收益的金额。”

后来，FASB（美国财务会计准则委员会）在其发布的第二号财务会计概念公告中，又把稳健性定义为：“稳健性是对不确定性的谨慎反应，它试图确保企业经营状况中出现的内在不确定性和风险能够被充分地考虑到。这样，如果对未来收到或者支付的金额的两种估计具有同等的可能性，稳健性便要求使用较不乐观的估计。然而，如果对金额的两种估计不具有同等的可能性，稳健性不一定要求使用悲观的估计，而可能要求使用可能性更大的金额估计。稳健性不再要求将收益推迟到出现足够的证据时确认，也不再要求在有足够的证据产生之前提前确认损失。”然而，Givoly 和 Hayn（2000）却认为，该定义没有具体说明稳健性所要求的谨慎反应的性质，也没有解释这样的一种“谨慎反应”是如何确保风险被充分地考虑的。

IASC（国际会计准则委员会）在 1989 年 7 月发布的《财务报表的编报框架》中对稳健性进行了解释：“财务报告的编制者必须应对不确定性，不确定性不可避免地存在于许多事件和情况下，比如说可疑应收账款的收回、厂房和设备的可能的使用寿命、可能发生的保证条款的数量等。此类不确定性根据披露的性质和范围，根据在编制财务报表时实施的谨慎程度来确认。谨慎性（prudence）是指，在不确定性条件下进行估计实施判断时的审慎（caution）程度，比如说资产或者收益不应当被高估，负债和费用不应当被低估。然而，谨慎性的运用并不允许设立秘密准备或者过量的准备金，故意低估资产或者收益，或者故意高估负债或费用。”

我国 2006 年的企业会计准则将会计稳健性作为一项重要的会计信息质量要求，明确指出“企业对交易或事项进行会计确认、计量和报告应该保持应有的谨慎，不应高估资产或者收益，低估负债或者费用”。

教科书中对稳健性的定义更多的是描述性的。例如，Smith 和 Skousen（1984）认为，稳健性是这样的一种原则，“当存在两种或两种以上的报告方法可供选择时，应当选择那种对所有者权益产生最小正面影响的报告方法。”然而，这种定义仍旧是不够清晰的，因为在公认会计原则下的会计计量必须要保证某种同一性。具体来说，在企业的整个生命周期内，或者在一个完整的商业周期/经济周期内，不管会计选择如何盈余的总额是不变的。因此，一个期间的会计稳健必然导致下一个期间的不稳健。对稳健性的另一个描述性的定义是：稳健性是一种在能够导致累积报告盈余最大化的会计原则之间的选择标准，这类选择标准会导致较慢的收入确认、较快的费用确认、较低的资产估值、较高的债务估值（Wolk et al.，1989；Davidson et al.，1985；Stickney and Weil，1994）。

相比之下，一些人宽泛地把稳健性解释为会计师偏好那些能够产生较低所有者权益账面价值的会计计量方法。例如，Belkaoui（1985）认为稳健性“宁愿报告最低的资产和收入价值，最高的负债和费用价值”。FASB 否认了该观点并声称，“稳健性不再要求收益一直等到出现收益存在的足够证据时才予以确认，也不要求费用在其发生的足够证据被找到之前确认。”

Beaver 和 Rayn（2005）发展了一个模型，把稳健性这种有偏确认的概念分为两个完全不同的方面，即条件稳健性（conditional conservatism）和非条件稳健性（nonconditional conservatism），并解释了它们之间的性质和联系。条件稳健性，也被称为盈余/收益表稳健性（earnings/income statement conservatism）（Ball et al.，2000）、消息依赖型稳健性（news - dependent conservatism）（Chandra et al.，2004）或事后稳健性（ex post conservatism）（Richardson and Tinaikar，2004），是指盈余反映坏消息比好消息要迅速，体现为对当期收益和损失的非对称确认。Basu（1997）认为条件稳健性为损失和利润确认的不对称及时性，源自会计师在财务报表中对好消息的确认比对坏消息的确认要求有更高的可证实程度。非条件稳健性，也被称为资产负债表稳健性（balance sheet conservatism）、消息独立型稳健性（news - independent conservatism）或事前稳健性（ex ant conservatism），是一种普遍的偏见，与当期消息无关（Basu，1997），它通过加速费用的确认或者推迟收益的确认倾向于报告股东权益的较低的账面价值，因此最终体现在会计报表中的累积稳健性效果（cumulative effects on financial statements）。总之，依据条件稳健性，在非常不利的情况下，资产的账面价值会被注销，但是在有利的情况下却不增加资产账面价值。在非条件稳健性下，因为会计程序预先决定的原因，净资产的账面价值会被低估。

条件稳健性和非条件稳健性之间的主要区别在于，条件稳健性给予了管理层更多的判断和选择的空间，管理层对条件稳健性会计程序的选择在某种程度上反映了管理层的目的和意图。而非条件稳健性更多的是基于会计准则的强制性的规定，管理层的自主选择空间相对较小。由于本书的目的是研究银企关系在债务契约的会计信息治理中所起的作用，体现为商业银行和借款企业之间的关系影响到商业银行对借款企业会计稳健性的需求，进而影响到借款企业会计信息稳健性的供给，而借款企业会计信息稳健性的供给取决于借款企业管理层在会计处理过程中的选择和判断，因此，本书的稳健性定义主要是指条件稳健性。

1.2.2 研究的问题

本书认为，如果抛开那些外在的因素，如经济制度、金融体制、法律环境、历史文化背景与经济发展水平等因素的影响，那么任何经济体制下银行和企业之间的直接交易无外乎以下三种方式：借贷交易、金融服务交易和权益投资交易。在这三种交易方式中，借贷交易和权益投资交易比金融服务交易对会计信息有更大的需求。然而由于我国商业银行法明确规定商业银行不允许向企业进行投资①，银行与企业的权益投资交易在我国并不是一种常态②，因此不适合对其进行一般性的研究，因此本书只关注银行与企业之间的借贷交易形成的银企关系。

在银行与企业之间的借贷交易形成的银企关系中，主要的微观决定因素是以债务契约为载体的，表现为利率、期限、担保等，由于我国政府对利率有比较紧的控制，可能会限制利率条款因素作用的发挥，因此本书主要从期限条款和担保条款形成的银企关系视角来进行研究。此外，借贷交易并非是由银行和借款人完全决定的，也会受到外在因素的影响，如宏观层面的货币政策波动和中观层面的所有权安排，但是在实证研究中很难控制宏观层面的货币政策波动因素，因此本书并未考虑。综合以上原因，本书拟从产权安排、长期借贷关系和贷款担保的银企关系视角来研究银企关系对借款企业会计稳健性的治理作用，具体来说，本书将主要探讨以下几个方面的问题。

（1）作为贷款人的银行和作为借款人的企业，其所有权性质的不同是否会影响到银行对借款企业会计信息稳健性的需求？在我国现行产权框架内，国有商业银行和国有企业产权具有同源性，即国有商业银行和国有企业的最终产权都属于国家所有。在这种残缺的产权安排下，国有银行和国有企业之间的信贷关系实际上是一种软约束的债

---

① 中华人民共和国商业银行法（2003 修订）第四十三条规定，商业银行在中华人民共和国境内不得从事信托投资和证券经营业务，不得向非自用不动产投资或者向非银行金融机构和企业投资，但国家另有规定的除外。

② 由于我国特殊的国企改革和银行改革背景，迫使银行持有一部分企业的股权。1983 年国家实施“拨改贷”，国家不再以财政拨款的方式对企业进行投资，而改用银行贷款的方式向企业补充资本金。然而到了 20 世纪 90 年代末，这些国有企业的资产负债率过高，进一步融资存在极大的困难，迫使国家出台了大核销和债转股政策，银行对企业的债权转变成银行对企业的投资，国家同时成立了四家金融资产管理公司作为对企业股权的投资主体。目前，在我国的非金融上市公司中，其前几大股东中如果出现原四大银行的话很大一部分就是实施债转股产生的。其他商业银行持有非金融企业股权的情况也有，但较少，主要通过定向增发、司法诉讼等方式获得。

权债务关系。相对于非国有企业来说，国有企业除了作为一个生产性的单位创造企业价值和增加股东财富以外，它们还是政府达到政治目标和社会目标的一种工具（Chen et al.，2010）。因此，国有企业是政治援助的，一旦它们陷入资金不足的财务困境，它们就可以求助于政府，政府可以通过国有银行向国有企业进行额外的资金投入。政府的内在担保在很大程度上降低了国有企业的还款压力，同时也降低了银行对国有企业还款能力和违约风险的关注。当银行不再关注借款人企业的还款能力和违约风险时，也就意味着对借款人企业会计信息的需求减少了，尤其是对企业稳健的会计信息的需求。此外，银行所有权性质的差异也会影响到银行的目标函数、治理结构和银企关系，国有银行比非国有银行对借款企业违约风险的关注程度要低一些。更具体地说，政策性国有银行比国有商业银行对借款企业会计信息稳健性的要求更低，因为政策性国有银行主要根据政府指导和社会公共利益来做出贷款授予决策，而国有商业银行在相当大的程度上要考虑经济利润和贷款的违约风险。外资银行比内资银行对借款企业的会计稳健性要求更高，因为外资银行的利润目标函数更加明确，对高质量的"硬"信息（如财务信息）的需求较高，他们在东道主国家获得当地企业的"软"信息较为困难，更可能寻求与会计信息更稳健的企业建立联系。因此，研究我国银企关系对借款企业会计信息稳健性的影响必然要考虑到产权安排的因素。

（2）在借贷交易中，银行与企业的长期合作是否会影响到银行对借款企业会计信息稳健性的需求？国外许多实证研究表明，长期关系有助于降低贷款的利率，提高小企业的信贷可获得性，并减少银行的抵押和担保要求（Petersen and Rajan，1994；Berger and Udell，1995；Cole，1998）。当银行与企业能够维持一种长期的借贷关系时，银行便能够从这种长期借贷关系中获得一些私有信息，借贷关系持续的时间越长，银行从中获取的私有信息越多。银行获取的有关企业的私有信息越多，对企业违约风险的预期越准确，就会降低对借款企业会计信息稳健性的需求。此外，长期借贷关系通常意味着借款人在按时归还借款方面具有良好的声誉，传递出具有较低违约风险的信号，可能会降低银行对借款企业会计信息稳健性的需求。

(3) 银行向借款企业提供的贷款的差异化条件（担保贷款还是信用贷款）是否影响银行对企业会计信息稳健性的需求？银行对借款企业借款的抵押和担保要求内在地反映了银行对借款企业违约风险的预期。借款企业对借款的担保也在一定程度上降低了银行对其违约风险的预期。已有研究表明，贷款担保和会计稳健性是降低债务代理成本的替代机制（Chen et al.，2011）。在我国的制度背景下，政府对利率有很紧的控制，这会严重限制银行使用贷款价格（即利率）来区分具有不同风险的借款人（Podpiera，2006；Koivu，2009）。因此，在我国的背景下，研究担保的使用和会计稳健性之间的关系具有一定的意义。此外，担保的形式有抵押、质押、保证等多种方式，不同的担保形式虽然在运用的过程中对担保人的影响实质是相同的，但它们的作用机理却可能是不相同的，这导致了不同的担保方式对贷款人的贷款风险影响程度的不同。相对于保证这种担保方式，抵押和质押这两种担保方式由于是以抵押和质押财产的变现价值为前提，因此对贷款人来说就会有较低的风险。由于降低了违约风险，抵押和质押的担保方式可能会使得贷款人对借款企业有较低的会计稳健性需求。

1.3 研究思路与研究方法

1.3.1 研究思路

本书从银企关系的角度对债务治理的经济后果之一——会计稳健性进行了研究，主要探讨了三个方面的问题：一是借贷双方的所有权性质是否会影响借款企业的会计稳健性；二是借贷双方的长期合作关系是否会影响借款企业的会计稳健性；三是贷款担保作为一种债务契约条款是否会影响借款企业的会计稳健性。本书从这三个方面分别对已有的债务治理理论的文献和观点进行了补充和深化，共分为7章，现对各章的具体研究内容说明如下。

第1章为导论部分。首先介绍本书的研究背景和选题意义，从而引出本书的研究问题；其次对本书所要研究的问题涉及的概念进行了界定，对本书所要研究的问题进行了概括和总结，并说明了为什么要研究这些问题；再其次对本书的研究思路进行了梳理，概括了所使用的研究方法；最后总结了本书对已有文献的改进，点出了本书的创新点。

第2章是债务治理理论及文献综述。丰富的理论基础是一篇优秀论文所必须具备的，此外，对前人的文献进行细致的概括和梳理可以让我们准确把握本领域已有研究的成果和不足，从而对自己的研究有着重要的指导意义。因此，本章首先对本书所研究问题所涉及的理论——债务治理理论进行了梳理，重点梳理了债务治理理论与本书所要研究的问题，即会计稳健性之间的关系，并清晰地勾画出了债务治理机制发挥作用的原理。然后本章对债务治理与会计稳健性的研究文献进行了仔细的归纳和总结，主要是围绕着三个方面来展开：一是债务契约与企业投资行为的文献；二是债务契约与会计稳健性的文献；三是会计稳健性计量方法的文献。在此基础上对国内外已有的文献进行了评述，引出本书的研究问题，奠定了本书研究的理论基础和文献基础。

第3章是在前面文献综述的基础上对我国制度背景的介绍及对我国制度背景下的银企关系的描述。首先描述了中国银行体制改革的背景，将中国的金融体制改革大体上划分为三个阶段：20世纪90年代之前的银行体制变革、20世纪90年代到2001年加入世贸组织（WTO）期间的银行体制变革、加入WTO之后的银行体制变革。通过对我国银行业体制改革过程的描述，展现了我国各个时期银行体制改革的特点及其所取得的巨大的成就。其次介绍了中国国有企业的改革背景，并着重从国有企业的政策重压与预算软约束的角度描述了我国特殊的国有企业改革背景。最后在此基础上对中国制度背景下的银企关系的历史变迁与现阶段所呈现出的特点进行了归纳和总结。

第 4 章研究了基于产权安排的银企关系与借款公司会计稳健性的关系。本章从产权安排的视角研究了企业和银行的不同所有权形成的不同的银企关系对借款公司会计稳健性的影响。在进行研究设计之前，本章提出了债务契约与会计稳健性之间关系成立的两个前提，在对借贷双方的所有权安排与会计稳健性进行分析的基础上提出了三个研究假设。从数据、样本、模型、变量和研究的程序五个方面进行了研究设计，实证分析的过程按照假设的顺序实施的，但是稳健性检验是单独进行的。

第 5 章研究了基于长期借贷的银企关系与借款公司会计稳健性的关系。本章从银行与企业之间形成的长期借贷关系的角度出发，探讨这种长期借贷形成的银企关系如何影响银行对企业会计信息的稳健性的需求。银行与企业之间的长期借贷关系一方面能够使银行获取监督企业的信息优势，另一方面也暗示着借款人在偿还借款方面具有良好的声誉，此外，在国有企业中，政府往往对长期借款实施更多的干预，这些都对会计信息稳健性的要求有所降低。本章基于这些假设，检验了长期借贷关系对借款企业会计信息稳健性的影响，揭示了银企关系的另一重特性。

第 6 章研究了基于贷款担保的银企关系与借款公司会计稳健性的关系。由于贷款担保降低了借款人违约的风险，因此就会放松贷款人对借款人违约风险的关注，从而降低贷款人的会计稳健性需求。此外，由于不同担保方式的作用机理不相同，导致了不同的担保方式对贷款人的贷款风险影响程度的不同。对贷款人来说，以抵押和质押为代表的物的担保比保证等法人担保具有更低的风险，由于降低了违约风险，抵押和质押的担保方式可能会使得贷款人对借款企业有较低的会计稳健性需求。本章基于这些假设，检验了贷款担保和担保的方式等债务契约条款形成的风险性不同的银企关系对借款人会计信息稳健性的影响。

第7章是研究结论、研究启示和未来的研究方向。本章是对本书所做的最后的总结，首先归纳了本书的主要研究结论和主要贡献，然后指出研究启示并引申出相应的政策建议，最后指出研究局限和未来的研究方向，这也是该研究领域后续需要关注的主要方面。

基于前述思路，本书的研究框架如图1－2所示。

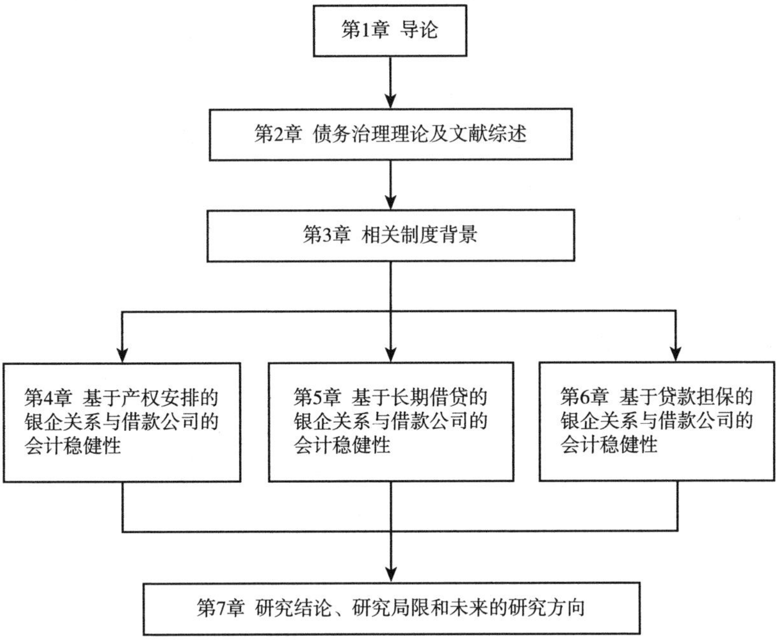

图1－2 本书的研究框架

1.3.2 研究方法

客观地说，债务治理与会计稳健性这一研究话题不仅是会计和财务研究领域所关注的重要理论问题，而且也是具有很重要的具有现实意义的实践问题。这一研究问题由于涉及会计、财务、金融、经济等领域，因此也被许多非会计方面的专家和学者所关注。虽然不同的领域对该问题所关注的侧重点是不同的，然而在对该问题进行研究时，所使用的研究方法却是相似的。选择合适的研究方法是进行学术研究好的开端，本书选取规范的理论分析与实证研究相结合的研究方法，具体如下。

一是历史比较法。研究某一个问题或者是某一个现象离不开该问题或现象所存在的历史环境/历史背景。研究债务契约与会计稳健性的关系也是如此，债务契约安排离不开所研究对象的金融环境和所在国整体的经济环境。作为债务契约的双方，银行和借款企业的决策行为都会受到所在国家银行业的体制结构、特点和性质的影响，也会受到这个国家经济发展阶段和特定的影响，基于此，本书在第 3 章采用历史比较分析法，对中国银行体制改革的背景和中国国有企业改革的背景进行了纵向的比较，这样能够使不熟悉中国体制环境特点的读者对所研究的问题有一个更加清晰的认识。

二是规范分析法。规范分析法是几乎所有的研究类的文章都必须要使用的方法，不仅在会计研究中使用得比较多，在许多其他的领域也是最常用的研究方法。对于本书来说，规范分析研究法是贯穿全书的研究方法，本书大量的篇幅都是采用的规范研究法。如对债务治理理论、债务契约与会计稳健性关系的理论描述、每一个假设的提出等，均是采用规范分析的方法。

三是实证分析法。实证分析法是最近几年学术论文大量采用的方法之一，依据大量的历史数据、建立在数学模型并利用计算机统计软件进行的实证分析是比较客观的方法，根据该方法得出的结论往往也比较有说服力。因此，本书在使用规范分析的同时使用了基于历史会计数据的实证分析，考察了本书所要研究的几个主要问题。在实证分析过程中，本书所使用的主要统计软件是 Excel 2003 和 Stata 10.0。

1.4 研究的改进与主要创新

本书对已有研究所做的改进和可能的创新之处主要体现在以下三个方面。

（1）本书通过检验贷款人的所有权特征如何影响借款企业的会计稳健性，补充和拓展了有关债务契约双方特征与贷款人的会计稳健性需求之间关系的文献。已有的研究主要集中于借款人的特征和贷款人对会计稳健性的需求之间的关系上（如孙铮等，2005；朱凯、陈信元，2006；刘运国等，2010），本书主要集中于中国的制度背景下，从债务契约安排的双方研究了不同的借款人和贷款人所有权特征所形成的不同的银企关系如何影响银行对借款企业的会计稳健性的需求，即检验了借款人和贷款人的国有产权对借款企业会计稳健性的影响。在已有的财务文献中出现了不少研究国有产权与企业业绩或银行业绩的文献，在已有的会计文献中也出现了不少研究国有产权与审计师选择、审计质量等的文献，本书则提供了借款企业和银行的国有产权与借款企业会计稳健性之间关系的证据。

（2）本书从债务契约的担保条款出发，进一步拓展了债务对借款人会计稳健性的公司治理作用的文献。虽然已经有大量的文献从不同的方面研究了债务契约条款和借款人会计稳健性之间的关联性，但检验债务担保条款和借款人会计稳健性之间直接联系的文献却比较少，文献中鲜有涉及。债务契约的担保条款决定了风险性不同的银企关系。不同于已有的检验债务契约条款和借款人会计稳健性之间直接联系的文献，我们的研究发现了债务契约中对担保的使用与借款企业会计稳健性的关系，得到了贷款担保能够降低贷款人对借款企业会计稳健性需求的结论。通过进一步的分析，我们还发现了贷款担保的方式也会影响借款企业的会计稳健性需求，对已有的研究有了新的突破。

（3）本书对中国的银企关系在债务治理中的作用进行了较为全面的考察，丰富了已有的研究中国银企关系的会计和财务文献。本书认为，银企关系并不是一个单一的概念，在实务中银企关系可以体现为多个方面，并且可以通过银行与企业之间发生的各种交易实现。因此，研究银企关系也应当考虑到银企关系是一个“多面体”，而国内研究银企关系的文献大多是从某一个角度出发，集中于某一个方面研究银企关系的“一面”，没有对中国的银企关系有一个整体的把握。而本书从银企关系三个不同的角度全面地分析了中国制度背景下的银企关系在借款企业会计稳健性中所起的作用，将对银企关系的研究提升到了一个更高的层次上。再者，我国是一个发展中国家，发展中国家金融体制的不完备使得银企关系在企业融资中更为重要，本书在中国的制度背景下研究中国的银企关系对会计稳健性的债务契约需求的影响更加具有现实意义。

第2章 债务治理理论与文献综述

2.1 债务治理理论

2.1.1 债务与公司治理

公司治理是降低内部代理成本，保证公司实现长远发展前景、获取长期业绩的一套机制。公司治理的一个主要方面是现代企业理论所强调的债务在公司治理中所起到的重要作用（张维迎，2000）。债务融资契约和破产威胁能够有效地缓解管理层代理问题，更好地约束和监督经理（Harris and Raviv，1991）。

2.1.1.1 公司治理理论

公司治理问题的产生源于所有权和经营权的分离。当企业发展到一定阶段时，所有权和经营权发生了分离，企业的所有者和经营者之间产生了利益冲突，代理问题产生。而代理问题并不仅仅存在于所有者和经营者之间，还存在与公司经营者与债权人之间。根据交易费用理论，在合约不完全的情况下，这些代理问题不可能通过合约解决，因此公司治理结构在解决代理问题方面就显得至关重要了。

英国学者柯林·梅耶（Myer）把公司治理定义为："公司赖以代表和服务于它的投资者的一种组织安排。它包括从公司董事会到执行经理人员激励计划的一切安排……公司治理的需求随市场经济中现代股份有限公司所有权和控制权相分离而产生。"清华大学的钱颖一教授持有类似的观点，他认为，公司治理结构是一套制度安排，用来支配若干在企业中有重大利害关系的团体，包括投资者、经理、工人之间的关系，并从这种安排中实现各自的经济利益。吴敬琏（1994）认为公司治理结构是指由所有者、董事会和高级执行人员即高级经理人员三者组成的一种组织结构。林毅夫（1997）认为，公司治理结构是所有者对一个企业的经营管理和绩效进行监督和控制的一整套制度安排。

公司治理并非一个内涵单一的概念，而是一个多角度多层次的概念，虽然国内外不少学者对公司治理的概念进行过比较精简明确的表述①，但这些概念也并没有绝对地涵盖公司治理的多重内容。

与上述学者的理解不同的是，经济学家李维安和张维迎都认为公司治理有广义和狭义之分。李维安（2001）认为狭义的公司治理，是指所有者（主要是股东）对经营者的一种监督与制衡机制，即通过一种制度安排，来合理地配置所有者与经营者之间的权利与责任关系。这种狭义公司治理主要是通过股东大会、董事会、监事会及管理层所构成的公司治理结构的安排，以确保经营者不违背所有者的利益，保证股东利益最大化目标的实现；广义的公司治理的目标则不局限于所有者对经营者的制衡，而是扩展到了协调公司与所有利益相关者（包括股东、债权人、供应者、雇员、政府、社区等）之间的利益关系，即通过一套正式或非正式的内部或外部的制度或机制来调节各利益主体的行为，维护公司的整体利益。张维迎（2000）的观点是，狭义的公司治理结构是指有关公司董事会的功能与结构、股东的权利等方面的制度安排；广义地讲，指有关公司控制权和剩余索取权分配的一整套法律、文化和制度性安排，这些安排决定公司的目标，谁在什么状态下实施控制，如何控制，风险和收益如何在不同企业成员之间分配这样一些问题，并认为广义的公司治理结构是企业所有权安排的具体化。

2.1.1.2　债务契约在公司治理中的作用

股权融资和债务融资是企业外部融资的两种主要途径。传统的财务理论对债务融资的资金成本问题考虑较多，而现代企业理论主要认为债务融资是一种降低企业代理成本、完善公司治理的机制。债务和股权不应仅仅被看作是两种不同的融资工具，而且还应该被看作是两

---

①　如 Myer（1996）、吴敬琏（1994）、林毅夫（1997）、张维迎（1999）、李维安（2001）。

种不同的治理机制（Williamson，1988）。

债务既然是一种融资途径，就必然会影响到企业的资本结构。而资本结构作为连接股东、债权人和经营者等利益相关者之间关系的一个纽带，是公司治理中非常重要的一个方面。早在 1976 年，Jensen 和 Meckling 就提出了资本结构解决代理问题的作用，认为在公司规模不变的情况下，企业通过增加债务在融资中的比重，可以缓解企业内部利益冲突，最小化代理成本。Stulz（1988）、Harris 和 Raviv（1991）也发现负债能够有效缓解经理与股东之间的矛盾冲突。资本结构对于现代公司的重要性，不仅仅体现在融资成本与公司市场价值方面，更重要的是其影响公司经理、股东和债权人之间的契约关系，即影响公司的治理结构（青木昌彦、钱颖一，1995）。

Shleifer 和 Vishny（1997）在一篇关于公司治理的经典论述中指出，由于代理问题，外部投资者担心自己的利益在不完美的世界中会由于经理的败德行为而受到侵占，公司治理便是保证融资供给方（投资者）保证自身投资收益的方式。而笔者认为，随着现代企业制度的设立和资本市场的发展，企业的融资供给方不仅仅是投资者，债权人也成为企业的主要资金提供者。在第 1 章我们已经提及，债务融资是我国企业的主要融资途径。由于代理问题的存在，债权人也会担心自己的利益受到公司经营者的侵占，因此便会要求企业遵守债务契约中的一些约束条件，以保证其持续经营的能力和到期偿还的能力，降低债权的风险。如果企业能够保持一种良好的经营状况，经营者能够遵守债务契约的规定，企业的剩余控制权会仍然保留在经营者手中，但是一旦企业的经营状况恶化，经营者不能完全遵守债务契约的规定，那么企业的剩余控制权就会转移到债权人手中。这种债权人以债务契约中的会计指标和限制性规定为标准，迫使借款人企业将自己的会计行为和选择控制在契约规定的范围内，从而降低对债权人和股东利益损害的治理机制就是本书中所指的债务治理。

从上述讨论中可以看出，债务治理作用的发挥必须要具备两个条件：债务契约的约束性规定和破产机制的存在。债务契约的约束性规定是债务治理发挥作用的存在性前提，破产机制是债务治理发挥作用的技术杠杆。如果把债务治理的治理过程比作一种无形的、抽象的治理产品的生产过程，那么债务契约的约束性规定就可以看作是生产这种治理产品的原材料，而破产机制则应当被看作是生产这种治理产品的技术或者工艺。因此，债务治理只有在债务契约的约束性规定和破产机制同时存在的情况下才能够有效。

（1）债务契约及其约束性规定。

债务契约是债务治理的基础和有效载体，债务的治理功能主要是通过债务契约来发挥作用的（何武新，2006）。债务契约是指债务人企业和债权人之间由于资金的提供而签订的用以规定债权的设立、变更和终止的一系列协议。债务契约通常对借款的金额、利率、期限、用途、保护条款和违约责任等具体的事项进行了详细的规定。然而，本书中的债务契约并不是指这些具体的内容，而是指对这些借款事项的具体内容进行的一般意义上的抽象概括，包括借款企业与债权人之间因借款而形成的内在经济联系。

债务契约对企业的公司治理有着积极的意义。主要的观点有两种：一是债务契约能够限制和规范经理的投资行为，减少股东—经营者代理冲突，降低股东—经营者代理成本；二是债务契约能够使企业的会计政策选择和经营者的会计行为更加谨慎，减少债权人的风险，降低企业的债务资本成本，缓和股东—债权人代理冲突，降低股东—债权人代理成本。

对于第一种观点，有的学者（如 Jensen，1986；童盼、陆正飞，2005）认为，股东与经营者之间的目标函数是不一致的，经营者一般比较关心企业的规模，因为规模大的企业给经营者带来的升迁的机会也比较多，管理层的社会地位也比较高，就会给经营者带来更多的货币收入和声誉等非货币收入。因此，体现在投资行为上，经营者在该利益动机的驱使下会将多余的资金投入能够扩大企业的规模但盈利性未必好的项目上，从而以牺牲股东利益的代价来增加了个人的社会财富。Jensen（1986）认为，债务能够防止这种过度投资行为，抑制经营者的在职消费，促使其努力工作，缓和股东和经营者之间的利益冲突，降低股东—经营者之间的代理成本，负债的这种作用被称为负债的相机治理作用。国内的学者（童盼、陆正飞，2005）认为，负债之所以能够降低股东—经理冲突引起的代理成本，一方面是因为负债本金与利息的支付可以减少可供经理支配的现金；另一方面也是因为负债使经理面临更多的监控，如果企业不能按期偿还债务，则公司的控制权将归债权人所有。

对于第二种观点，一般认为债务对公司治理的作用主要是通过债务契约中的会计指标和限制性条款来实现的。在债务契约的签订中，债权人为了降低所投资金的风险保护自己的利益，往往会在债务契约中增加会计指标的规定和一些限制性条款的约束，如要求借款人定期交换信息，对借款人再贷款、投资及股利分配方面的行为进行限制等，以充分行使监督管理层会计行为和会计选择的权利。由于债权人比较关注企业的到期偿债能力和持续盈利能力，因此，债务契约中一般会对资产负债率、利息保障倍数、营运资本等代表偿债能力的指标和利润、所有者权益等代表持续盈利能力的指标做出规定。Smith 和 Warner（1979）的研究发现，以利润指标为基础的债务契约严格限制对股东的股利支付以保证公司具有一定规模的净资产。债务契约同样也会限制企业的投资行为、处置企业重大资产的行为和增加债务的行为。Watts 和 Zimmerman（1986）在《实证会计理论》中指出，公共债务契约和私有债务契约均包括运用已公布的并经审计的财务报表数据来限制管理当局的行为的条款。由于债务契约中的这些规定和限制性条款具有法律上的约束力，借款企业如果违反了债务契约的规定可能会因此而受到惩罚。更重要的是，当企业陷入财务困境或者经营状况不佳而濒临破产时，破产机制会使得企业的剩余控制权转移到债权人手中，以保护债权人的利益不被侵犯。因此，企业的管理层往往会将自己的会计行为和选择控制在债务契约约定的范围内，从而减少因管理层的自利行为或者机会主义行为而给股东或者债权人带来的利益损害。

（2）破产机制与控制权转移。

Grossman 和 Hart（1982）在代理理论的框架内，分析了债务融资及其破产的威胁对于缓和所有者和经营者之间的代理关系所起到的重要作用。在破产机制的作用下，经营者必须要承担相应的破产成本，因此经营者可以通过举债的方式向股东表明自己不会滥用资金，这种保证能够促使经营者做出符合股东利益的行为。实际上，在破产机制的作用下，债务融资担当的是激励和担保机制的角色。

破产机制是在借款人企业无法归还债务的情况下，根据法律的规定企业以其全部财产对债权人进行公平清偿的制度，它实际上是一种企业的剩余控制权的强制转移机制。Ahgion 和 Bolton（1992）的研究表明，如果公司以普通股融资，则投资者拥有剩余控制权；如果企业以发行债券方式融资，在能够偿还债务时，经营者拥有控制权，否则控制权将由经营者转移给债权人。他们同时还指出，由于代理问题的存在，股东和经营者之间的利益冲突并不能由事前的契约来完全消除，因此公司控制权随着融资结构的变化而导致的相机治理是最有效的。张维迎（2000）也认为股东与债权人是不同状态时企业的“状态相依所有者”，在企业偿债能力不足时，债权人拥有对企业的控制权，资本结构能够有效地解决经营者激励和经营者选择问题。

破产机制作为债务治理作用有效发挥所必不可少的技术杠杆，主要在于破产机制能够直接推动对债务契约的约束性条款进行强制性的法律实施，即在企业财务状况或者经营状况不佳而濒临破产时促使企业的剩余控制权从企业的经营者手中转移到债权人手中。正是这种强制性的控制权转移机制对借款人企业的经营者产生了一种威慑力，从而使得债务治理从债务契约签订时就发挥治理作用。

企业剩余控制权的转移是债务治理的主要手段。企业的剩余控制权依企业经营财务状况的不同而在股东、经营者与债权人之间转移，这在学术上被称作剩余控制权的相机转移机制。如果企业处于一种正常经营的状态，那么剩余控制权被股东所拥有，债权人是不具有剩余控制权的；但如果企业处于一种非正常经营的状态，企业的剩余控制权便会转移到债权人手中，但这并不意味着股东就丧失了剩余控制权，而是债权人拥有的剩余控制权要优先于股东拥有的剩余控制权。只有当债权人行使了与其债权同等份额的剩余控制权之后，其余的部分才是股东所拥有的剩余控制权。当债权人获得了企业的实际控制权之后，就可以采取清算、破产、重组等方式实现自身利益的最大化。

2.1.2 债务治理与会计稳健性

由以上分析我们可以看出，债务治理的理论框架均是围绕着剩余控制权的转移而进行的，因此各利益相关者的决策行为也都是围绕着剩余控制权而进行的博弈过程。出于保护自己利益的目的，债权人在债务契约中写入会计指标和限制性条款等约束性的条件，债务契约中的会计指标和限制性条款会直接受到企业经营者会计政策选择和会计行为的影响。谨慎的会计政策选择和会计行为会使得公司的会计指标和会计行为符合债务契约的约束性条件，为了最大限度地降低风险，保证自己手中的剩余控制权不被转移到债权人手中，企业经营者的会计政策选择和会计行为会保持在债权人要求的谨慎性范围内，最终降低了由于不谨慎而导致的股东诉讼成本和债务的代理成本。

虽然债务在公司治理中的作用体现在对经理的监督和约束，但债权人的这种监督并不是通过直接地监督、观察经理人的行为来实现的，而是通过企业是否违反契约中重要的会计指标和限制性条款而实现的一种间接监督（Watts and Zimmerman，1986）。债务契约签订的最终目的就是通过监督和约束经理人的行为，最大限度地保护债权人的利益。一般来说，企业的债务融资在总融资中的比例越大，即债务水平越高，债权人面临的风险就越大，它们就越关心企业的归还贷款能力和持续经营风险能力，其参与公司治理的积极性就越高，债权人的监督与约束的效果就会越强，相应地就会要求企业采取更加稳健的会计政策和实施更加稳健的会计行为。

Watts（2003）将会计稳健性描述为保证契约有效执行的机制，这里的契约不仅包括股东与经营者之间的代理契约，还包括股东与债权人之间的代理契约。稳健性通过协调公司内部各契约参与者之间的利益冲突，能够保证契约的有效执行，有效减少经理的机会主义行为和道德风险，从而降低公司潜在的股东诉讼成本和债务契约的代理成本。体现在债务契约中，债务契约的约束条件迫使经理不高估净资产和利润、不低估负债和费用、不向股东支付过高的股利，从而降低由于不谨慎导致的股东诉讼成本和债务契约的代理成本。Holthausen 和 Watts（2001）的研究发现，与公认会计原则（GAAP）中的规定相比，债务契约中的约束性条款要更加重视会计稳健性。在持续经营的企业中，出于保护债权人的利益，会计师和审计师往往采取谨慎性原则，充分预计未来发生的所有可能的损失以减少利润和股利支付。对于银行和其他贷款人等财务报表的主要外部使用者来说，普遍认为低估对他们似乎是有好处的，因为资产被低估得越多，他们从这些资产上得到的对其贷款或者其他贷款的担保的金额就越大（FASB，1980）。

不仅债权人在债务契约中强调会计政策的稳健性，经理也可以通过选择相对谨慎的会计政策来降低债务的成本。一些研究发现了会计稳健性能够降低企业债务成本的证据。Anwer 等（2000）的研究发现，选择稳健的会计政策的公司往往面临着较低的债务成本，会计稳健性程度与债务成本负相关。

根据以上的分析，笔者认为债务治理机制作用的发挥可以通过图 2－1 得以清晰的展现。债权人和企业的经理层缔结了具有约束性条款的债务契约，主要是对借款企业的会计指标的一些规定和一些限制性条款，目的是对借款人的再贷款、投资和股利分配等资金活动进行限制，保护自己的权益不受侵蚀。在外部破产机制的作用下，债务契约中的会计指标和限制性条款能够对企业的资金活动产生约束作用，一方面企业不能够无限制地对外投资，或者将资金投入扩大企业规模但未必是好的盈利项目上；另一方面，企业将尽可能地选择谨慎的会计行为和政策，以便使债务契约所要求的会计指标保持在约定的范围内。这样，债务契约的约束性条款在破产机制的作用下规范了企业的投资行为，降低了股东—经营者的代理成本，也提高了企业的会计信息稳健程度，降低了股东—债权人代理成本。降低股东—经营者的代理成本主要是通过限制经理人员的非效率投资实现的，而降低股东—债权人代理成本主要是通过降低债权人的风险和经理层的债务成本实现的。

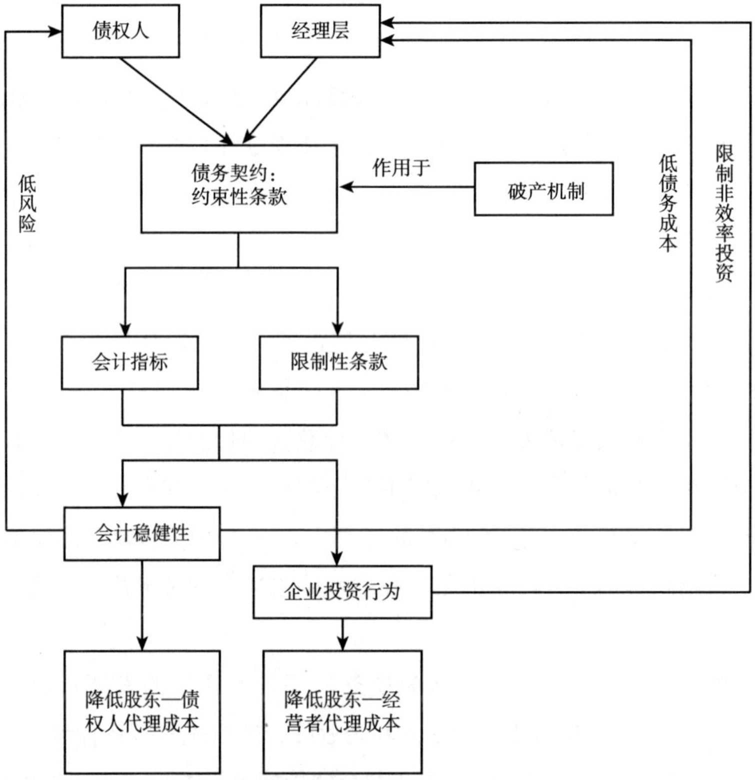

图 2-1　债务治理理论的架构

2.2　债务治理与会计稳健性研究综述

在本章 2.1 节我们阐述了债务治理机制发挥作用的理论基础，认识到债务契约不仅能够降低股东—经营者代理成本，而且还可以降低股东—债权人代理成本。债务治理作用的发挥必须要具备两个条件：债务契约的约束性规定和破产机制的存在。在这一节我们将从债务治理降低股东—经营者代理成本和股东—债权人代理成本的两个主要方面来回顾和总结已有的债务治理的文献。研究债务治理降低股东—经营者代理成本的文献主要集中于研究债务契约与企业投资行为的关系，而研究债务治理降低股东—债权人代理成本的文献主要集中于研究债务契约与会计稳健性之间的关系。

2.2.1　债务契约与企业投资行为的文献综述

债务约束是企业投资行为的重要影响因素。负债对企业投资规模的影响主要表现在两个方面：投资过度和投资不足。从股东和债权人之间的关系来看，企业股东的目标函数不同于企业的债权人，股东往往以股东价值最大化为最终目标。Jensen 和 Meckling（1976）认为，当企业的负债资金比较多时，股东/经理将具有强烈的动机去从事那些风险较大但盈利性也比较好的投资项目。因为投资成功的收益被股东/经营者获得，但投资失败的风险却由债权人承担。Parrino 和 Weisbach（1999）研究表明，如果其他条件相同，企业投资项目的风险越大，过度投资越严重；企业投资项目的风险越小，投资不足越严重，并且过度投资和投资不足的严重程度随着负债比例的上升而增加。从股东与经营者之间的关系来看，股东与经营者之间的目标函数也是不一致的，经营者更关心企业的规模，可能会将资金投资于能够扩大企业规模但盈利性不好的项目上。而债务能够防止这种过度投资行为（Jensen，1986），抑制经营者的在职消费，促使其努力工作，缓和股东和经营者之间的利益冲突，降低股东—经营者之间的代理成本。

随着实证研究方法在我国学术界的兴起，最近几年，国内也有一些文献研究了负债对企业投资行为的影响，而且大多数采用实证研究的研究方法。伍利娜和陆正飞（2005）采用实验研究的方法检验了一定融资结构下的股东—债权人利益冲突对企业投资行为的影响，发现企业的资产负债率会影响企业的投资不足或过度投资行为。李胜楠和牛建波（2005）的研究也证明了企业的负债水平会影响企业的投资支出。童盼、陆正飞（2005）考察了负债融资及负债来源对企业投资行为的影响，研究结果表明，负债与企业的投资规模负相关，并且还发现负债的来源也会影响企业的投资规模。童盼、支小强（2005）考察了股东—债权人利益冲突对企业投资行为的影响，发现投资项目的风险、资产负债率、企业所得税率等因素均会影响股东—债权人利益冲突引起的投资行为。刘星和杨亦民（2006）检验了融资结构对企业投资决策的影响，发现融资结构与企业投资显著负相关，支持了负债代理成本的理论。黄乾富、沈红波（2009）对企业债务影响投资行为的研究进行了细化，除了发现债务对企业的过度投资行为有较强的约束作用之外，还发现了不同来源的债务其对企业投资的影响是不同的，商业信用由于存在再融资约束，能够对企业的过度投资行为产生约束作用，而银行借款由于受到政府干预使其对企业过度投资行为缺少约束作用。然而，与以上研究结论有所不同的是，张跃龙等（2011）发现我国制造业上市公司债务融资对改善企业投资效率的作用有限，助长了企业过度投资，上市公司的投资效率主要取决于企业自身的盈利能力。

除了研究负债水平对企业投资行为的影响之外，还有一些学者研究了负债的期限结构对企业投资行为的影响。负债的期限结构对负债代理成本是有影响的。Parrino 和 Weisbach（1999）发现期限越长的负债，股东—债权人冲突越严重，代理成本越高。在负债水平不变的条件下，负债结构中短期负债的比例越高，负债代理成本越小（童盼、陆正飞，2005）。童盼（2005）对拥有不同风险项目的企业的债务期限结构和投资规模关系进行了研究，得出了短期债务与投资规模显著负相关，而长期债务的影响不显著的结论。黄乾富、沈红波（2009）的研究发现，长期债务由于期限长、比例小，因而对企业过度投资行为的制衡作用较弱，缩短债务期限能对企业的过度投资行为产生遏制。陈建勇等（2009）发现了债务期限结构与投资效率之间的关系在很大程度上依赖于项目的风险水平。投资非效率"程度"与短期债务比例呈类"U"形关系，债务期限结构较为均衡时，投资非效率程度较低。我国上市公司短期债务主导型债务期限结构使得公司在面对较高和中等风险项目时，表现出过度投资倾向，而面对低风险项目，则表现出投资不足倾向。并且，短期债务比例与投资非效率程度正相关，较高的短期债务比例会引起较大的投资扭曲。

此外，还有少数学者在研究负债与投资行为的关系时还考虑了银企关系的因素，进行了更深入的探讨。辛清泉、林斌（2006）在政府、银行和企业三方的预算软约束框架内实证检验了企业投资支出和债务杠杆之间的关系。研究发现，企业投资支出整体上同债务杠杆呈负相关，但在国有绝对控股的上市公司中，企业投资支出对于负债水平不敏感，并且，随着国有股权比例的上升，企业投资支出对债务杠杆的敏感度逐渐下降。因此作者认为，政府对国有企业和国有商业银行同时实施的双重预算软约束是导致国有企业投资行为扭曲和债务治理机制失效的重要原因。窦炜、刘星（2011）发现，整体来说，债务杠杆在我国上市公司中是表现出对公司治理的正向效用，但这种效用会伴随着所有权结构的趋于集中而发生变化，相对于国有产权上市公司来说，在非国有产权上市公司中债务杠杆对过度投资的抑制作用更为显著。张兆国等（2011）的研究对政治关系、债务融资与投资行为之间的关系进行了理论分析，发现有政治关系的企业不仅能够以较低的成本获得更多的银行借款，而且有政治关系的企业的银行借款更容易导致投资过度。

2.2.2 债务契约与会计稳健性的文献综述

从理论上来说，影响企业会计稳健性的因素是非常多的，契约、诉讼、税收和政治成本是 Watts（2003）所归纳的稳健性的影响因素，并且债务契约被看作是最主要的影响因素。因此，在这一部分我们将从债务治理降低股东—经营者代理成本这个主要方面回顾和总结已有的研究债务契约与会计稳健性的文献。

2.2.2.1 国外有关债务契约与会计稳健性的文献综述

Watts（2003）最早从契约的角度分析了会计稳健性产生的原因，除了股东与管理者之间的契约之外，股东与债权人之间的债务契约也是会计稳健性产生的主要原因。国内外已有大量的文献证实了会计稳健性的债务契约解释，本书在这部分对会计稳健性的债务契约需求动机的文献做一归纳和总结。

Holthausen 和 Watts（2001）研究发现，与公认会计原则（GAAP）中的规定相比，债务契约中的约束性条款要更加重视会计稳健性。Ahmed, Billings 和 Morton（2002）也认为，为了减少风险和激进的会计报告所带来的预期损失，债权人需要稳健的会计而不是无偏会计。因此，正如 Watts（2003）所言，债务契约中的利益分配越不对称，股东和债权人之间利益冲突越严重，债权人会要求公司采取更为稳健的会计政策。

Ahmed 等（2002）发现，股东与债权人的冲突越大，会计信息的稳健性程度越高。Ball 等（2008）发现，相对于权益市场，债务市场对及时性和稳健性有较高的要求，因为债务契约使用报告的数据，而权益市场却不会评价这样的财务报告，因为它们控制了包含在权益价格中的总信息。与 Ball 等（2008）不同，Ball 和 Shivakumar（2005）发现上市公司比非上市企业更稳健，这就意味着公开权益市场比私有权益市场更需要稳健性，暗示了股东也可以从稳健性中受益。然而，Ball 和 Shivakumar（2005）的研究结果却与价值相关性理论相矛盾，因为公开权益市场估价需要的是具有价值相关性的信息，而非稳健的信息。Peek 等（2006）认为非上市公司以关系型融资为主，而上市公司以市场化的融资方式为主，由于关系性融资使得贷款人对公司有更深的了解，因此对稳健性的需求并不高，但在转化为市场化融资后，对稳健性的需求提高，因此公司上市后稳健性程度均有所上升。

Nikolaev（2010）检验了在公开债务契约中使用更多契约条款（covenants）的企业是否对会计盈余中经济损失进行了更加及时的确认。实证证据表明，公开债务契约中对契约条款的使用与经济损失及时确认的程度即会计稳健性正相关。他们主要是基于这样的理论，当企业陷入财务困境时，公开债务契约条款限制了决策权和控制权从股东手中向债权人手中的转移，因此限制了经理人员侵占债权人财富的行为。

少数研究者研究了机构投资者所有权对企业会计稳健性的影响，Ramalingegowda 和 Yu（2012）发现机构投资者所有权的比例越高，企业的财务报告越稳健。对此他们解释为机构投资者是资本市场上价格的制定者（price - setters），而不是价格的接受者（price - takers），因此，比个人投资者更能够识别稳健的财务报告带来的收益，就会要求更多的会计稳健性。他们同时发现，在具有更多的成长期权和更大的信息不对称的企业中，机构投资者所有权比例与财务报告稳健性之间的正相关关系更加明显，因为在这些企业中，直接的监督更难，会计稳健性潜在的治理收益更大。

2.2.2.2 国内有关债务契约与会计稳健性的文献综述

与国外已有的研究一致，国内也有诸多的理论和实证文献都把债务契约归结为会计稳健性产生的重要动因，并且大多数学者都认为会计稳健性是债务契约中股东和债权人冲突的协调机制。相比而言，国外在这方面的研究相对较早，并且也比较成熟。而国内的研究基本上是基于我国特殊的制度背景，研究债务契约对会计稳健性的影响，这些文献主要从三个角度进行检验：所有权性质、债务期限结构和其他因素。

（1）所有权性质与会计稳健性。

在以往的经济学和管理学研究文献中，学者们通常将国有产权通常与“低效率”联系起来。例如，张五常（2004）认为，国有企业的低效率是内在的、固有的，是由国家作为企业所有者这种外生制度安排所决定的；张维迎（2000）也认为产权改革是国有企业改革的关键。产权安排是一种中观层面的制度因素，在我国特有的制度背景下，政府对国有企业具有行政上的“超强控制”和产权上的“超弱控制”（何浚，1998），企业的国有产权性质能够降低会计稳健性已经得到了不少学者的证据支持。再者处于转轨体制下的我国的银行债务对企业的约束比较弱，尤其是国有企业面临的软预算约束，国内不少文献考察了债务及所有权性质对稳健性的影响，我国学者在这方面的研究主要集中于经验研究。

孙铮等（2005）的研究发现债务比重的提高提升了企业会计政策选择的稳健程度，并且控股股东的性质会影响债务对会计稳健性的治理作用，表现在与国家控股的上市公司相比，债务对会计稳健性的影响明显小于对非国家控股上市公司的影响。朱凯、陈信元（2006）分析了股东与债权人之间利益冲突对会计信息稳健性的影响，发现国家控制的上市公司的会计信息稳健性程度较低，而民营控制的上市公司会计信息稳健性程度较高，但是股东特征对会计信息稳健性的影响，随着银行在公司中利益的增加而趋于一致。何贤杰等（2006）进一步发现，政策性贷款的存在是造成国有银行对国有企业和非国有企业信贷要求差别的重要原因，对于没有政府干预或干预较少的贷款，银行对两类企业会计稳健性的要求没有显著差别。而中央政府提高金融资产质量的政治压力和向非国有企业提供信贷时潜在的政治成本又迫使国有银行为了控制信贷风险而对非国有企业要求过于严格的会计稳健性标准。陈旭东和黄登仕（2007）以银行贷款作为研究对象，也得出了与上述学者一致的结论，发现产权性质会影响企业的会计信息稳健性，国家控股的上市公司会计信息稳健性程度较低。朱茶芬、李志文（2008）除了实证考察了国家控股对会计稳健性的影响之外，还进一步探讨了这种现象的制度根源。他们发现了国家控股上市公司对应着更低的会计稳健性，这种现象的制度根源在于内部人控制、债务软约束和政府干预等三大治理的弱化。刘运国、吴小蒙、蒋涛（2010）也发现了银行对终极控制人为私有产权控股的公司有更加稳健的要求，且对短期借款比例高的私有产权控股公司会计政策要求更加稳健，而对长期借款比例高的国有产权控股公司会计稳健性的要求相对更低。

（2）债务期限结构与会计稳健性。

代理成本假说认为短期债务能够迫使经营者提供有利于投资者决策的信息，从而缓解资产替代效应（Barnes，Haugen and Subnet，1980）和投资不足（Myers，1977）的问题，对企业经营者的行为产生有效的监督，因此短期债务比长期债务能够更加有效地缓解股东—经营者之间的利益冲突和股东—债权人之间的利益冲突。

基于对该代理成本假说的认识，国内的一些文献检验了债务期限结构对企业会计稳健性的影响。胡亦明和谢诗蕾（2005）的研究发现，无论是短期银行贷款还是长期银行贷款都对借款企业的公司治理和财务状况具有一定的监督作用。徐昕、沈洪波（2010）就我国上市公司银行债权监督对盈余稳健性的影响进行了实证分析，发现上市公司银行贷款比例越高，稳健性越高；短期银行贷款和长期银行贷款对稳健性有显著影响，且短期银行贷款的监督作用大于长期银行贷款的监督作用。刘运国、吴小蒙、蒋涛（2010）采用Basu模型研究了债务（尤其是不同期限的银行借款）对会计稳健性的影响，研究结果表明银行要求短期借款比例高和长期借款比例低的公司采取更加稳健的会计政策，并且银行对短期借款比例高的私有产权控股公司会计政策要求更加稳健，而对长期借款比例高的国有产权控股公司会计稳健性的要求相对更低。

（3）影响会计稳健性的债务契约需求的其他因素。

在研究会计稳健性的债务契约需求时，国内的大部分学者都是从中观层面（如所有权安排）和微观层面（如债务期限结构）出发进行的研究，实际上，影响会计稳健性的债务契约需求的因素是非常多的，只有极少数的学者考虑了宏观因素的影响，笔者认为主要原因在于宏观经济政策因素不容易度量和控制，可能会造成研究结论的错误。饶品贵、姜国华（2011）却在该方面进行了尝试，探讨了宏观经济政策（如货币政策）对企业会计稳健性的影响，研究发现，在货币政策紧缩时期上市公司的会计稳健性更高，他们将其解释为货币政策紧缩时期企业面临更大的信息不确定性，增加了企业与外部投资者之间的信息不对称程度，在信息不对称环境下企业将采用更为稳健的会计处理。此外，货币政策紧缩时期信贷配给现象更加严重和银行对企业违约风险更加关注增加了银行对企业会计稳健性的需求。

民营企业的政治联系可以使民营企业获得更多的融资（罗党论、刘璐，2010），杜兴强、周泽将、修宗峰（2009）检验了民营企业的政治联系对会计稳健性的影响，研究发现我国民营上市公司的政治联系降低了会计稳健性。

2.2.3 会计稳健性计量方法的文献综述

前面我们对会计稳健性的债务契约需求的文献进行了梳理，从所有权性质和债务期限结构等几个角度回顾了已存在的文献。然而由于会计稳健性的经济后果不是本书所讨论的主要内容，因此本书不再回顾有关会计稳健性的经济后果的文献，而是关注了国内外学术界对会计稳健性计量方法的研究。

尽管会计稳健性是一项最古老、最普遍且最具争议的会计惯例，然而，在 20 世纪 90 年代之前，学者们对会计稳健性的研究主要还是采用规范的研究方法。无论是专业的会计研究机构如 FASB 和 IASB，还是从事会计研究的个人研究者，大多是对会计稳健性进行了抽象的概括，对目前主流的实证会计研究方法的使用几乎没有。原因除了实证会计研究方法在当时未被研究者广泛使用之外，还在于人们很难对会计稳健性进行科学且尽可能客观的度量。直到 1997 年，Basu（1997）开创了对会计稳健性进行实证研究的先河，成为会计稳健性研究领域最具代表性和最有影响力的文献之一，其中所采用的会计稳健性计量模型也成为后来众多学者在会计稳健性相关实证研究中引用和借鉴最多的模型之一。

Watts（2003）认为，学者们对会计稳健性进行计量的模型主要有三种：净资产计量、盈余和应计项目计量、盈余—股价回报关系计量。自 Watts（2003）之后，又出现了两种稳健性计量模型：Ball 和 Shivakumar（2005）的应计—现金流关系计量模型、Khan 和 Watts（2009）的会计稳健性的时间—截面度量。下面我们分别就这五种主要的稳健性度量模型进行简要的回顾和总结。

2.2.3.1　净资产计量模型

资产和负债的价格在市场上总是会发生不断的变化，但并不是所有的价格变化都会及时地反映在企业的财务报告中。根据稳健性的要求，企业应该及时地确认资产价值的下降，而对于资产价值的上升则会延迟确认，根据这种稳健的惯例进行会计计量的结果就是企业净资产的账面价值低于市场价值，净资产被低估了，而低估的程度便可以用来代表会计稳健性的程度。净资产计量模型主要有两种具体的方法可供使用：估价模型法和账面价值—市场价值比率法。

（1）估价模型法。

估价模型估计主要是运用公司市场价值对非正常盈余、资产和投资进行截面回归。Feltham - Ohlson 模型是应用最为广泛的计量会计稳健性的估价模型。Feltham - Ohlson 模型是 Feltham 和 Ohlson（1995，1996）提出来的，通常被用来估计企业净资产被低估的程度。根据会计折旧速度应该超过经济折旧速度的假设，Feltham - Ohlson 模型中包含那些反映经营资产低估程度的参数。稳健性参数的估计主要是通过以下方法得到的：从估价模型得到的估计和从对估价模型输入的会计变量之间的关系进行时间序列估计中得到的估计。Feltham - Ohlson（1995，1996）将企业价值表示为净资产账面价值与会计盈余的线性组合，净资产账面价值反映的是企业价值的存量，而会计盈余部分反映了企业价值的流量。Feltham - Ohlson 的股价模型具体表示如下：

$$p_t = bv_t + \alpha_1 ox_t^a + \alpha_2 oa_t + \beta \upsilon_\tau \quad (2-1)$$

其中，p_t 是企业的市场价值，bv_t 是企业净资产的账面价值，ox_t^a 是非正常盈余，oa_t 是经营性资产，υ_τ 是与企业价值相关的非会计信息。在该模型中，经营性资产 oa_t 的系数 α_2 衡量了企业的会计稳健性程度，α_2 越大，会计稳健性程度越高。

Ahmed 等（2000）也提供了一个估价模型的例子，即将公司的商誉对非正常盈余、滞后的经营性资产和当期对经营性资产的投资进行回归。他们把商誉定义为权益市场价值减去净资产的账面价值，净资产账面价值被低估的程度，就是商誉被高估的程度。如果会计稳健性低估了滞后的经营性资产，那么滞后的经营性资产的系数应当为正。

时间序列的稳健性参数的估计主要是通过将非正常盈余对滞后期间的非正常盈余和滞后期间的经营性资产的账面价值进行时间序列回

归得到的（Myers，1999）。此外，如果会计稳健性存在，那么滞后期间经营性资产的系数应当为正。并且折旧对经营性资产的价值低估得越多，滞后期间经营性资产的系数越大。

Stober（1996）、Dechow 等（1999）、Myers（1999）和 Ahmed 等（2000）都分别从他们各自的估价模型回归中估计了正的稳健性参数，这些研究均发现净资产被低估了，会计稳健性存在。

（2）账面价值—市场价值比率法。

Beaver 和 Ryan（2000）使用公司的账面价值与市场价值的比率来计量会计稳健性，原因在于那些使用稳健会计报告的企业低估了净资产的账面价值，从而低估了账面价值和市场价值的比率。他们使用时间序列数据和横截面数据，将账面价值—市场价值比率对样本的年份、公司哑变量和对企业当期和以前五年间的股票回报变量进行回归，公司哑变量的系数反映了公司权益的账面价值和市场价值的差异的持续性部分。这个系数越低，表明净资产被低估的程度越高，企业的会计越稳健。然而在该模型中，系数的平均值为 0，该系数只是反映了不同公司之间的相对会计稳健程度，而不是所有样本企业总计的会计稳健程度。这个账面价值—市场价值的比率是用来计量不同企业的会计稳健程度之间的差异化的一个指标。Beaver 和 Ryan（2000）的具体模型如下：

$$BTM_{i,t} = \alpha + \alpha_t + \alpha_i + \sum_{j=0}^{6} \beta_j R_{i,t-j} + \varepsilon_{i,t} \qquad (2-2)$$

其中，$BTM_{i,t}$是公司 i 在第 t 年份资产的账面价值与市场价值的比率，α_t 是时间哑变量，α_i 是公司哑变量，$R_{i,t-j}$是公司 i 在第 t - j 年份的股票市场回报。这一回归的基本思想是，会计数据通常滞后于市场回报，将资产的账面价值与市场价值的比率对滞后的市场回报进行回归，就可以控制住会计滞后带来的偏差，而且该回归同时能够反映资产持续性低估的程度，因此往往被用来度量条件稳健性和非条件稳健性。

2.2.3.2 盈余和应计计量模型

稳健性表明会计收益比会计损失有更好的持续性，因为当资产增加发生时财务报表不确认那些未经证实的资产的增加（即会计收益），而是在引起这些资产增加的现金流量得以实现的未来期间才予以确认。例如，如果一项资产的价值增加了，因为该项资产能够在未来产生更多的现金流量，那么该项资产的增加（会计收益）只能够在未来增加的现金流量实际发生的期间确认。这就意味着会计收益更容易持续。因为具有正的盈余和正向盈余变化的企业可能会确认收益，正向盈余和盈余的增加可能是持续的。

然而，与会计收益相反，具有同样可验证程度的会计损失却是在它们发生的当期确认，而不是在未来现金流减少的期间确认——这样就导致了损失发生当期的盈余的大幅度下滑而不是未来盈余的缓慢下降。具有负的盈余或者盈余下降的企业更可能确认损失。因为总的来说，这些损失不会在未来期间再发生，负的盈余和盈余的下降比正的盈余和盈余的增加具有较低的持续性。因为这些负的盈余和盈余的下降是很短暂的，盈余和盈余变化的持续性或者短暂性就产生了对会计稳健性进行计量的方法。

会计稳健性对收益和损失的不对称确认产生了应计的不对称性。由于损失是被全部确认的而收益不是被全部确认的，因此期间应计是负的而累计应计常常被低估。结果，负的期间净应计和负的累计应计被用来计量会计稳健性。此外，稳健性表明，损失比收益产生了更大的应计，因为损失反映了所有未来现金流的下降，而收益只反映了发生期间现金流的增加。因此，有人就预测应计和盈余是负向有偏分布的，而对盈余、盈余的变化和应计分布的负向偏度的估计就是会计稳健性的计量。

（1）盈余的计量模型。

Basu（1997）和 Watts（1993）预期负向的盈余变化比正向的盈

余变化在下一期间更可能反转。在 Basu（1997）之前，也有文献证明了负向的盈余变化比正向的盈余变化更可能反转，如 Brooks 和 Buckmaster（1976）、Elgers 和 Lo（1994）。为了证实这个结果，Basu（1997）将正、负盈余变化样本的盈余变化（除以期初股票价格）对滞后期间的盈余变化（除以期初股票价格）进行了回归，具体模型如下：

$$\frac{\Delta X_{i,t}}{P_{i,t-1}} = \alpha_0 + \alpha_1 D + \beta_0 \frac{\Delta X_{i,t-1}}{P_{i,t-2}} + \beta_1 D \times \frac{\Delta X_{i,t-1}}{P_{i,t-2}} \qquad (2-3)$$

其中，$X_{i,t}$表示 i 公司第 t 年的会计盈余，$\Delta X_{i,t}$表示 i 公司第 t 年相对于第 t - 1 年的盈余变化，$P_{i,t-1}$表示 i 公司第 t - 1 年年末的每股股票价格，D 是哑变量，当 $\Delta X_{i,t}$小于 0 时为 1，否则为 0。最后，Basu（1997）发现正向盈余变化样本的滞后盈余的系数并非显著不为零，这说明正向盈余变化是不能反转的。相比之下，负向盈余变化样本的滞后盈余的系数显著为负（-0.69），符合稳健性产生了负向的盈余变动的假设。

（2）应计的计量模型。

应计计量模型是根据一段时间内累计应计的符号和大小来计量会计稳健性的。应计具有反转的特性：即如果当期的净收益超过经营活动现金流量，那么在未来的期间必定有负的应计；如果当期的净收益低于经营活动现金流量，那么在未来的期间必定有正的应计。Givoly 和 Hayn（2000）认为，对于处于稳定状态的企业来说，预期扣除折旧和摊销前的净收益的累积金额在长期内是与经营活动现金流量趋于一致的。虽然负向累计应计的比率是稳健性程度变化的反应，但在其他条件不变的情况下，企业在长期内持续拥有负向应计就是会计稳健性的表征。

与稳健性一致，Givoly 和 Hayn（2000）发现，不管是用截面数据还是用时间序列数据，资产回报的分布在他们所检验的大部分期间是负向有偏的。他们还发现，1965 ~ 1998 年，累计的应计加起来是一个负向数值，占同一期间累计盈余的 16%。该结果与在盈余/股价回报关系时间序列证据中观察到的稳健性随着时间的推移大幅度增加是一致的。

2.2.3.3 盈余—股价回报关系计量模型

不管资产价值的变化是资产价值的损失还是收益，股票市场价格都能够及时地反映这些变化。由于稳健性预期会计损失的确认比会计收益的确认更加及时，因此会计损失与股票回报的同步性比会计收益与股票回报的同步性更强。Basu（1997）认为，虽然股票回报和盈余都会反映同一期间的损失，但是股票回报反映收益却比盈余反映收益要更加及时。为了对稳健性进行计量和估计，Basu（1997）建立了如下模型：

$$\frac{X_{i,t}}{P_{i,t-1}} = \alpha_0 + \alpha_1 DR_{i,t} + \beta_0 R_{i,t} + \beta_1 R_{i,t} \times DR_{i,t} \qquad (2-4)$$

其中，$X_{i,t}$表示 i 公司在第 t 年的每股盈余，$P_{i,t-1}$表示 i 公司在第 t 年年初的股票价格，$R_{i,t}$表示 i 公司从第 t 年末之前九个月到第 t 年结束后三个月内的股票回报，$DR_{i,t}$是一个哑变量，如果 $R_{i,t}<0$，那么 $DR_{i,t}=1$，否则，$DR_{i,t}=0$。β_0 表示会计盈余对正向股票回报（即好消息）反映的敏感程度，（$\beta_0+\beta_1$）表示会计盈余对负向股票回报（即坏消息）反映的敏感程度，因此，β_1 就是会计盈余对负向股票回报（即好消息）比对正向股票回报（即坏消息）反映敏感程度的增量。如果会计稳健性存在，那么（$\beta_0+\beta_1$）应该大于 β_0，即 β_1 应该为正。

使用美国的数据，Basu（1997）发现结果与他的预测一致。Basu（1997）所使用的对稳健性会计计量的方法具有开创性，后来的许多研究都使用这种方法研究了不同的会计稳健性问题，包括 Ball 等（2000）、Holthausen 和 Watts（2001），我国的孙铮等（2005）和刘运国等（2010）也使用该种稳健性度量方法研究了我国的债务融资对企业会计稳健性的治理后果。

2.2.3.4　应计—现金流关系计量模型

随机的冲击会导致两种具有不同时间序列特征的现金流：第一种是时间序列上负相关的现金流，第二种是时间序列上正相关的现金流。时间序列上负相关的现金流在企业的日常经营活动中是最常见的，例如，企业在某一个会计期间购买原材料，产生了负向的现金流，而在下一个会计期间，这种原材料所制成的商品销售出去以后，就会有正向的现金流，这就是时间序列上负相关的现金流。这种时间序列上负相关的现金流使得现金流中包含更多的噪音，而会计应计的作用就是平滑这类时间序列上负相关的现金流，减少其中的噪音（Dechow et al.，1998）。Dechow（1994）发现，现金流量和会计应计之间存在着负相关的关系，这就表示应计在平滑现金流的波动。

时间序列上正相关的现金流，就是某一个会计期间的现金流入也会导致未来会计期间的现金流入，某一个会计期间的现金流出也会导致未来期间的现金流出。如果企业的会计信息是稳健的，那么企业就会及时地确认现金流出所导致的损失，但却并不会及时地确认现金流入导致的收益。这就意味着企业的应计和现金流之间的正相关关系是不对称的，与正的现金流相比，应计和负的现金流之间的正相关关系更强。

Dechow（1994）发现了应计和现金流之间存在着负相关关系的证据，说明经营活动中时间序列上负相关的现金流是占主导地位的。

Ball和Shivakumar（2005）使用了一个应计和现金流的分段线性关系来估计会计稳健性。模型如下：

$$ACC_t = \varphi_0 + \varphi_1 DCFO_t + \varphi_2 CFO_t + \varphi_3 DCFO_t \times CFO_t + \varepsilon_t \quad (2-5)$$

其中，ACC_t 代表的是第t期的应计，CFO_t 代表第t期的现金流量。$DCFO_t$ 是哑变量，如果 $CFO<0$，则 $DCFO=1$。φ_2 表示应计平滑正向现金流噪音的程度，预期为负，$\varphi_2+\varphi_3$ 表示应计平滑负向现金

流噪音的程度，如果稳健性存在，则应计平滑负向现金流的程度比应计平滑正向现金流的程度更高一些，即 φ_3 应该为正。

2.2.3.5 会计稳健性的时间—截面（firm - year）度量模型

关于会计稳健性的实证研究非常需要一个既能够体现稳健性的截面变化又能够体现稳健性的时间序列变化的度量方式。上述四种稳健性的计量均无法满足该特点，于是 Khan 和 Watts（2009）设计出了一种会计稳健性的时间—截面度量。这种度量方式是源于 Basu（1997）的收益和损失不对称及时性的概念，他们假设盈余的不对称及时性代表的是一种稳健性的流动（flow）计量，由此产生了一个会计稳健性的时间—截面（firm - year）度量模型。

会计稳健性的时间—截面度量模型是在 Basu（1997）的截面回归模型基础上得到的。Basu（1997）的截面回归模型可以简化成以下式子：

$$X_i = \beta_1 + \beta_2 D_i + \beta_3 R_i + \beta_4 D_i R_i + e_i \quad (2-6)$$

其中，字母 i 指代不同的企业，X_i是盈余，R_i代表股票回报（即好消息/坏消息），D_i是哑变量，坏消息时 $D_i=1$，否则 $D_i=0$，e_i是残差。β_3 代表好消息的盈余及时性，$\beta_3+\beta_4$ 是坏消息的盈余及时性，β_4 是坏消息相对于好消息的增量及时性，也就是衡量稳健性的参数。

Khan 和 Watts（2009）认为影响会计稳健性的三大主要因素是公司规模（Size）、市场价值—账面价值比（M/B）和企业负债状况（Lev），因此他们把企业每一年的 β_3 和 β_4 分别表示为企业每一年时间—截面特征的线性函数，即：

$$G\_Score = \beta_3 = \mu_1 + \mu_2 Size_i + \mu_3 M/B_i + \mu_4 Lev_i \quad (2-7)$$

$$C\_Score = \beta_4 = \lambda_1 + \lambda_2 Size_i + \lambda_3 M/B_i + \lambda_4 Lev_i \quad (2-8)$$

所有样本企业的 μ_i 和 λ_i 的估计值是相同的，但在不同的会计期间，μ_i 和 λ_i 的估计值却是不同的，因为他们是利用不同会计期间的数据进行回归而估计得到的。G_Score 代表好消息的盈余及时性，C_Score 代表坏消息相对于好消息的盈余及时性，即会计稳健性，C_Score 的值越大，会计稳健性越高。将式（2-7）和式（2-8）代入回归模型（2-6）就得到下列等式：

$$X_i = \beta_1 + \beta_2 D_i + (\mu_1 + \mu_2 Size_i + \mu_3 M/B_i + \mu_4 Lev_i) R_i + (\lambda_1 + \lambda_2 Size_i + \lambda_3 M/B_i + \lambda_4 Lev_i) D_i R_i + e_i \quad (2-9)$$

通过估计式（2-9），就能够得到 μ_i 和 λ_i 的估计值，将 μ_i 和 λ_i 的估计值代入式（2-8），就能够得到 C_Score 的值，即会计稳健性。这便是会计稳健性的时间—截面度量模型的使用。

2.2.4　对国内外已有研究文献的评述

2.2.4.1　国内外已有研究文献的特点评价

国内外有关债务治理经济后果的文献非常丰富，研究者从不同的角度出发，采用了不同的研究方法探讨了债务治理在降低股东—债权人代理成本和股东—经营者代理成本中所起到的作用。这些研究归纳起来有以下特点。

（1）研究方法多种多样。

虽然对债务治理的研究早在 20 世纪 70 年代就已经开始了，如 Jensen 和 Meckling（1976）开创了债务治理研究的先河，然而直到 21 世纪之后，学者们才开始逐渐使用实证研究方法来检验债务治理的经济后果。之前的研究大多数是采用规范的研究方法，但最近实证研究的方法体系也越来越成熟，因此国内的研究也越来越多地使用实证研究来检验债务治理在我国的制度背景下的意义。此外，除了规范和实证的研究方法以外，也有少数学者使用实验研究的方法（如陆正飞，2005）和随机模拟的方法（如童盼、支小强，2005）来研究债务治理在我国上市公司中的作用和经济后果。

（2）研究的内容越来越细化。

最初的债务治理文献将企业所有债务作为一个整体来研究债务治理的治理效果，后来一些学者开始从债务的来源、债务的期限结构的角度对企业的债务进行分类，以研究不同类型的债务的治理后果。由于我国债券市场的不发达，我国企业的负债融资多是从银行取得的借款，这些银行借款中大部分都是短期借款，有些企业甚至根本没有长期借款。而学者们认为短期负债和长期负债的代理成本是不相同的。因此，笔者认为，考虑到我国负债融资结构的特殊性，这些对债务治理进行细化的研究是有必要的。再者，由于我国上市公司的主体是国有企业，银行业的主体也是国有银行，而国有企业和国有银行都极易受到政府的干预，这样就会导致国有企业和国有银行之间的银企关系呈现非正常化的态势，影响债务治理作用的发挥。从以上的文献回顾中可以看出，许多研究债务治理的文献已经考虑到了银企关系的影响，债务治理的研究文献正在变得越来越成熟。

（3）研究结论的一致性程度较高。

不管是从债务能够降低股东—经营者代理成本的角度来研究债务治理的效果，还是从债务能够降低股东—债权人代理成本的角度来研究债务治理的效果，已有文献的研究结论均具有较高程度的一致性。具体来说，研究企业债务与投资行为的大多数文献均得出了企业的负债具有限制企业过度投资行为的结论；而研究企业债务与会计稳健性的大多数文献均得出了企业的债务能够提高企业会计稳健性的结论，具有一定的治理效果。而且普遍认同债务契约对企业会计稳健性的治理作用在国有上市公司中不如在非国有上市公司中表现得更加有效。

2.2.4.2 对以上会计稳健性计量方法的评价

上述介绍了几种会计稳健性的主要的度量方法，任何一种方法都不是完美无缺的，都是有利有弊的，这就需要我们仔细甄别各种方法的优缺点，从中找出适合自己所做研究的方法。在这一部分笔者就以上几种会计稳健性的度量方法进行了评价，分析了它们各自的优缺点。

（1）对净资产计量模型的评价。

我们先来看 Feltham - Ohlson 模型。Feltham - Ohlson 模型在使用上要求将资产进行分类，即划分为经营资产和金融资产。但在实际应用中，作为外部研究人员，是比较难以区分企业的经营资产和金融资产的，通常的情况是将全部的资产都作为经营资产，将全部的负债都作为经营负债。Feltham - Ohlson 模型还要求考虑非会计信息对企业价值的影响，这个对于外部研究人员来说同样也是不太可能的。

我们再来看账面价值—市场价值比率法。Roychowdhury 和 Watts（2007）认为账面价值—市场价值比率虽然计量了净资产账面价值相对于市场价值的低估程度，但其中却包含可分离净资产与经济租金（如成长性期权和垄断收益）的价值。由于经济租金不可验证且无法分割的，因此会计实务中不会确认经济租金和租金的变化，经济租金只有在它们能够取得的时候才予以确认。因此，用包含经济租金的账面价值—市场价值比率来计量会计稳健性是对会计稳健性的一种错判。

（2）对应计计量模型的评价。

应计的计量模型是运用累计盈余和应计的偏度来计量和反映会计稳健性的，这种方法可以用于对某一个特定公司的会计稳健性进行度量，在操作上也比较容易实施，不要求有较大的数据量，也没有严格的应用前提，不以市场为基础，计算会计稳健性的指标不会受到市场波动情况的影响，因此，应用的范围更广泛。实际上，相对于客观的现金流量，会计利润能够反映利润和回报的差异，让会计信息更加相关。

但任何一种测度指标都有其固有的弱点。基于应计模型的会计稳健性度量方法要求的样本数据的跨期比较长（6 年），而我国资本市场起步较晚，许多上市公司的上市年限还不够长，有可能无法搜集到6年的跨期数据，因此在选取样本时就会受到一些限制。此外，基于应计的会计稳健性指标度量没有考虑到折旧因素，应计的金额也很容易受到盈余管理和经济增长因素的影响，这样反映的稳健性指标就可能会有噪音。

（3）对盈余—股价回报关系计量模型的评价。

尽管使用Basu（1997）模型来计量会计稳健性得到了非常广泛的应用，但也有学者对该方法提出了质疑。Dietrich等（2003）从计量经济学的角度对该方法提出了质疑，首先，他们认为Basu（1997）模型以股票回报作为模型的自变量是不合适的，因为股票回报是一个内生变量，可能会导致模型的回归结果不可靠；其次，他们认为由于负收益样本的公司较少，自变量横截面的度量会使得稳健性的计量出现偏差。Givoly等（2007）发现了一些与稳健性不相关的企业信息环境特征会影响Basu（1997）模型对稳健性的计量，如提前的披露政策会使得会计稳健性计量的结果有向上的偏差，如果不控制这些因素，Basu（1997）模型就不能算是一个可靠的会计稳健性的计量模型。此外，Basu（1997）使用会计盈余对股票价格的反向回归得到了会计稳健性的度量，分别使用正向股票回报和负向股票回报来表示好消息和坏消息，但如果股票市场无效，那么这种表示方法就是不准确的。因此，股票市场有效的假设限制了Basu（1997）模型的应用范围。

（4）对应计—现金流关系计量模型的评价。

应计—现金流关系计量模型的基础实际上也是收益和损失确认的不对称的及时性，但该模型却不像Basu（1997）模型那样依赖于资本市场有效的前提，并用资本市场上的股票回报来表示“好消息”和“坏消息”，这样就避免了股票价格中的噪音对会计稳健性计量的影响，同时也避免了股票回报与会计盈余的内生性问题。虽然具有这样的优点，还是有人对Ball和Shivakumar（2005）的应计—现金流关系计量模型进行了批评。Jarva（2010）指出，由于正负现金流很难像正负股票回报那样反映好消息和坏消息，因此用“应计—现金流”回归来代替“盈余—股票回报回归”是存在问题的，指标的可靠性被削弱了。

（5）对会计稳健性的时间—截面度量模型的评价。

Khan 和 Watts（2009）假设会计稳健性是企业规模、资产负债水平和市价—账面价值比率的函数，只考虑这三个主要因素可能会存在遗漏变量的问题，这可能会导致 C_Score 并不是一个最佳的稳健性度量方法。再者，这种稳健性度量方法的理论基石是 Watts（2003）利用美国的数据研究得出的会计稳健性的四大主要决定因素：契约、诉讼、管制和税收。然而其他国家的体制特点不一定与美国的体制特点相同，例如，在一个较弱的法律实施的环境下，契约更容易不被大家所遵守，法律诉讼的责任也更容易被免除，C_Score 可能就不是一个最佳的稳健性的度量方法。

2.2.4.3　进一步研究需要考虑的问题

虽然国内对债务治理的研究已经逐渐丰富并日趋成熟，如研究方法越来越多样化、研究内容越来越细化、研究结论也具有很高程度的一致性，然而，笔者认为，在后续对债务治理的研究中还需要注意到一些问题，鉴于本书主要是从债务契约在缓解股东—债权人冲突的角度来研究，因此，下面主要对关于债务治理与会计稳健性的进一步研究提出几点需要注意的问题。

（1）虽然已经有一些研究在检验我国上市公司债务治理作用于会计稳健性的经济后果中考虑了银企关系的因素，但却对该因素的考虑并不全面。已有大量的研究结果显示了我国上市公司主要的外部融资来源是债务融资，但汪辉（2003）认为，负债中的应付款项、预提项目和递延项目等并不能起到通常意义上的公司治理作用，因为这种债务的债权人往往更关心公司经营状况与还本付息能力。而且由于我国债券市场的不发达，企业的债务融资中仍然以银行借款为主，公开债券融资所占的比重也比较小。因此，我们预期银行借款是我国上市公司中债务治理作用发挥的主要途径。而笔者认为银企关系是银行借款发挥债务治理作用的重要治理环境，对银行治理作用的发挥有着重要的影响。虽然已经有一些研究在检验我国上市公司债务治理作用于会计稳健性的经济后果中考虑了银企关系的因素，但笔者认为他们却对该因素的考虑却并不全面。已有的研究主要考虑了企业的国家所有权这一影响银企关系的因素，由于国有企业容易受到政府的干预，因此企业的国有所有权是影响银企关系的重要因素。然而国有银行也很容易受到政府的干预，而且在我国的金融体制下，不同类型的银行其受政府的控制程度不同，做出贷款决策的目标和程序也不同，这就导致了不同类型的银行对借款企业的风险的关注程度不同。此外，随着我国金融体制改革的顺利完成，我国的金融市场的大门已经向世界敞开，已有相当部分的外资银行进入中国，或是在我国设立外资银行的分支机构，或是入股内资银行成立中外合资以银行。与国有银行相比，这些银行的利润目标函数更加明确，相应地对高质量的“硬”信息（如财务信息）的需求较高，它们在东道主国家获得当地企业的“软”信息较为困难，更可能寻求与会计信息更稳健的企业建立联系。因此，银行所有权也是影响我国上市公司债务治理作用发挥的重要因素，我们必须要加以考虑。

（2）虽然研究债务的期限结构即短期借款和长期借款在银行借款中的相对比重对企业会计稳健性的影响有一定的道理，然而我们必须认识到，企业拥有较多的长期借款并不一定是我国特殊银企关系中政府进行干预的结果，有时候银行的私人关系或者企业的私人关系也是企业能够获取长期借款的原因，甚至企业可能会为了获取贷款资源花费很大的代价去寻求政治联系。唐建新等（2011）的研究表明，在中国基于非正式的关系的确可以给受到融资约束的民营企业带来银行贷款方面的融资便利，银行关系相对于政治联系是一种更为普遍和有效的非正式关系。但不管使用哪种非正式关系，只要企业能够获取到长期的贷款资源，与债权人或者贷款人形成更为稳定的银企关系，那么他们就会更加关注公司的经营情况以及会计政策的选择，起到公司治理的效果。

（3）国内外已有的研究较少地考虑了贷款担保这种债务契约因素对企业会计稳健性的影响。在债务契约中，贷款人通常要求借款人提供担保，因此，担保是一种非常重要的债务合约要素，这种合约要素决定了风险性不同的银企关系。通过贷款担保，贷款人获取了对担保物优先受偿的权力，或者获取了向第三方进行追索的权利。这就意味着贷款人的贷款投资会得到一种安全的保证，这时贷款人会认为借款人是高质量的借款人，具有较低的违约风险，因此就会放松对借款人违约风险的关注，从而可能会减少对其稳健性会计信息的需求。此外，贷款的担保可以有许多不同的担保方式，虽然各种担保方式在运用的过程中对担保人的影响实质是相同的，但由于不同担保方式的作用机理不相同而导致了对贷款人的贷款风险影响程度的不同，从而影响到贷款人对借款人的贷款条件。如抵押和质押等物的担保是以特定财产的变现价值为基础的，而保证方式却是一种间接的以担保人为主的担保，因此从可靠程度上来说，前者的可靠程度就比较高。筛选机制理论认为担保的程度越高，就会传递出借款人具有越高的质量和越低违约风险的信号，所以相对于法人担保的贷款人，物的担保的贷款人对会计稳健性的需求更少。

基于此，本书在借鉴已有的研究债务治理与会计稳健性文献的基础上，考虑已有文献的局限性和不足之后，从产权安排、长期借贷关系和贷款担保三个视角检验了银企关系对借款企业会计稳健性的治理作用，丰富了有关债务治理经济后果的研究。

2.3　本章小结

丰富的理论基础是一篇优秀论文所必须具备的，此外，对前人的文献进行细致的概括和梳理可以让我们准确把握本领域已有研究的成果和不足，从而对自己的研究有着重要的指导意义。因此，本章首先对本书所研究问题所涉及的理论——债务治理理论进行了总结，重点归纳了债务治理理论与会计稳健性之间的关系，并通过图示描述了债务治理机制发挥作用的原理。其次对债务治理与会计稳健性的研究文献进行了仔细梳理，主要是围绕着三个方面来展开：一是债务契约与企业投资行为的文献；二是债务契约与会计稳健性的文献；三是会计稳健性计量方法的文献。最后我们对这些国内外已有的文献进行了评述，引出进一步研究需要考虑的问题，奠定了本书的理论基础和文献基础。

第3章 相关制度背景

3.1 中国的银行体制改革背景

对于发展中国家和金融增长核心力的研究深刻地表明，我们所看到的经济的高速增长，如果没有金融体制的改革和金融、法律等基础设施的建设，是不能够无限持续地增长的。金融增长核心力文献一致发现，发展中国家的经济增长与更有效的法律制度和更好的金融市场发展高度正相关（King and Levine，1993；La Porta et al.，1998）。因此，中国的金融体制改革对中国经济的发展至关重要。与中国的股票市场相比，中国的银行贷款市场更大，然而效率却并不高，尤其是在“四大”银行（Berger et al.，2009）。

在这一节，我们回顾了中国银行体制的发展历程、监管环境和经济环境。经过几十年的发展变革，我国的银行体制改革已经经历了重大的变化，在进入21世纪以来国家金融政策环境越来越宽松的情况下，它将会继续进行着重大的变化。我国银行体制的产生和发展过程可以大体上划分为三个重要的阶段，即20世纪90年代之前、20世纪90年代开始到2001年加入世贸组织（WTO）、加入WTO之后这三个阶段。下面本书分别就这三个阶段的发展特点、重大改革突破以及每个阶段相对应的法律、监管和经济环境的变化做一综述。

3.1.1 20世纪90年代之前的银行体制变革

中国的社会主义银行体制在20世纪40年代后期建立，效仿的是苏联的银行体制。中央银行，即中国人民银行成立于1948年12月，是在前华北银行、北海银行、西北农民银行的基础上合并组成的。在1978年之前，中国的银行体制是单一的银行模式，在这种银行模式之下，那些被接管或者重组成中国人民银行系统的银行，或者那些在中国人民银行或财政部的行政管理之下的银行，只是作为国家行政机构的一部分来确保国家的生产计划得以实施，不存在相互竞争的动机。中国人民银行同时履行着中央银行和商业银行的职责，银行既是国家行政管理机构的一个组成部分，又是向工商企业进行贷款的金融机构。

1978 年，中国开始实施改革开放，之后中国开始从计划经济向市场经济转变，银行业改革也被提上日程。一开始，改革主要集中于修正中国银行系统的管理结构和业务运作。具体来说，就是银行贷款逐渐取代了国有企业的财政预算拨款，银行开始具有了盈利性的目标，双重的银行体制取代了单一的银行体制，许多银行的职能逐渐从中国人民银行中分离出来。1983 年 9 月，国务院决定中国人民银行专门行使国家中央银行职能。1984 年国家将商业银行的职能从中国人民银行剥离出去，由四大银行（即中国银行、中国农业银行、中国工商银行、中国建设银行）承担，而中国人民银行成为专职的中央银行。一开始国有四大银行被政府限制服务于不同的经济部门，如中国银行主要办理企业的外贸业务和对外交易贷款，中国建设银行主要办理国家的基本建设贷款，中国农业银行主要服务于农村地区的农业建设，而中国工商银行主要面向城市的工业和商业贷款。1985 年国家实施了进一步的银行体制改革，放松了四大银行的贷款范围限制，国家开始允许四大银行在不同的经济部门之间进行竞争，进一步扩大了这些商业银行筹资和资金分配的范围。尽管如此，20 世纪 90 年代之前四大银行之间的竞争却是非常有限的。因为它们主要服务于政府政策性贷款的“渠道”，基于政府指导和政策而非商业原则来发放贷款，缺乏竞争的动机①。

① 同时在 20 世纪 80 年代中期，中央计划金融资源分配的性质得以改变，地方政府能够通过国内贷款和自筹资金，决定它们自己的金融资源分配，培育了银行业的新生。尽管政策性贷款阻止了国有银行之间的竞争，新银行的竞争却创造了一个新的竞争来源。

20世纪80年代中后期，银行业体制改革开始转向了银行所有权，在这一时期，已有的银行金融体制结构保持不变，所有权改革逐渐开始实施。1985年8月，中国第一家中外合资银行——厦门国际银行成立，是由国内的中国工商银行、福建投资企业集团公司、厦门建发集团有限公司、闽信集团有限公司和亚洲开发银行、日本新生银行及美国赛诺金融集团有限公司共同投资设立的。1987年，交通银行经过重新组建成为中国第一家全国性的国有股份制商业银行。

3.1.2 20世纪90年代到2001年加入世贸组织（WTO）期间的银行体制变革

20世纪90年代，四大国有银行的资产质量严重恶化，因为这些银行大部分都把资金贷给了国有企业，而国有企业还钱的动机很小。为了减少政策性贷款的损失，政府在1994年又成立了三大“专业化的”政策性银行[①]，将政策性贷款的职能从四大银行转移出去，降低了商业银行为国家指导的贸易和发展项目融资的重负。到了1998年，财政部发行了2700亿元人民币政府特别国债，对四大银行进行资产重组，将四大国有银行的不良贷款剥离给四个新成立的国有资产管理公司。1999年，四大银行的1.4万亿元人民币不良贷款（几乎占总贷款的20%）被四大国有资产管理公司以面值价格买走。这就表明，尽管在中国，国有银行的资产质量成为一个很严重的问题，没有显性的存款保险，然而却存在隐性的存款保险。因为中国政府可能会介入帮助处于财务困境中的银行注销它们的坏账，或者一旦银行经营失败

① 分别是中国农业发展银行、国家开发银行和中国进出口银行。它们主要资助基础设施和发展项目，主要向国有企业提供资金支持。具体来说，中国农业发展银行承担了中国农业银行政策性贷款的职能，国家开发银行承担了中国建设银行政策性贷款的职能，中国工商银行和进出口银行承担了中国银行政策性贷款的职能。

政府会代替银行偿还外部负债[①]。然而，90 年代后期情况却开始发生了变化。例如，1999 年，广东国际信托投资公司由于无力偿还巨额的外债也破产了，但中央政府却没有承担起债权人所预期的偿还责任，债权人最后只收回了大约 12.54% 的贷款。

在这一时期，银行所有权的改革继续推进。1991 年，中国第一家面向社会公众公开发行股票并上市的商业银行——深圳发展银行股份有限公司，在深圳证交所成功上市。1995 年，国家实施了两个主要的银行经济法规：《中国人民银行法》和《商业银行法》。《中国人民银行法》肯定了中国人民银行的中央银行地位，极大地降低了中央政府对信贷配置决策的影响。而《商业银行法》正式地将主要的国有银行称作“商业银行”，通过指导商业银行依据资本充足性、盈利性、风险性和流动性的市场原则转向商业经营，正式地商业化了主要国有银行的经营。

20 世纪 90 年代中期，其他所有权形式的银行也开始进入了市场。1996 年，我国首家主要由非公有制企业入股的全国性股份制商业银行——中国民生银行，由 59 个民营机构投资者投资设立。由于民生银行几乎全部由私有股东构成，这使得它成为中国最大的私有银行，主要面向中小非国有企业贷款。

到 1999 年年末，全国共有 12 家国有股份制商业银行，总资产大约人民币 14477 亿元（中国人民银行，2000）。随着《商业银行法》的实施，城市和农村的信贷合作开始出现，形成了城市商业银行，它们采取股份制商业银行的形式，由国家、国有企业或者某些私有资本所拥有，被称作为城市合作银行，银行业务主要是开展当地的业务。到 1999 年，全国共有 90 多家这样的商业银行，总资产达到人民币 5547 亿元（中国人民银行，2000）。

然而，在允许外国银行进入中国金融市场方面，中国政府却是非

---

① 如 1997 年，海南发展银行和一些小的信用合作社陷入经营困境，不得不关闭，但是中央政府承担了他们外债归还的责任。

常保守的。1979 年，国家开始允许外国银行在中国设立办事处。从 1982 年开始，国家开始允许外国（地区）银行在经济特区设立经营分支机构（如香港银行设立在深圳的经营分支机构）。直到 1994 年，国家对外国（地区）银行在华经营的地域限制才开始有点放松，允许外国银行在获得中国政府的批准之后在中国的 23 个城市经营。1996 年，在上海浦东新区（后来在深圳经济特区），外国（地区）银行首次被允许与中国企业进行人民币的存款和贷款交易。到 1999 年年末，共有 25 家外国（地区）银行被允许与中国企业进行人民币交易业务。在这一期间，监管政策开始允许外国投资者持有国内银行的少量股权。第一个例子是在 1996 年，亚洲发展银行购买了中国光大银行（国有股份制商业银行）1.9% 的股权①。在这之后，1998 年，国际金融公司购买了上海银行 5% 的股权②；2001 年，亚洲发展银行购买了南京城市商业银行 15% 的股权；2001 年年底，汇丰控股有限责任公司购买了上海银行 8% 的股权。由于严格的准入政策和监管限制，外商在内资银行中的权益投资总额在 2001 年是最小的，大部分投资者是非营利的国际组织。

3.1.3 加入 WTO 之后的银行体制变革

我国自从 2001 年加入世界贸易组织（WTO）之后，银行业系统有了更大的变革。自从中国加入 WTO 以后，一套新的金融规则开始生效。2003 年修正了 1995 年通过的《中国人民银行法》和《商业银行法》，修正之后的《中国人民银行法》和《商业银行法》遵守了 WTO 的协议。根据承诺的协议，利率将会有更多的自由，参与者

① 中国光大银行 21.39% 的股份是由中国光大控股有限公司（从 1973 年开始在香港证交所上市）持有的，中国光大控股有限公司的控股股东是中国光大集团，持有中国光大控股有限公司 55.8% 的股份。中国光大集团是一个国有的金融集团，受国务院的直接管理。

② 上海银行是一个地方性商业银行，上海市政府持有 30% 的股权。

之间的税负将会更加公正，对企业并购和所有权接管会有更少的限制，中国银行业的经营范围和地理范围将有更大的自由空间。例如，从 2002 年开始，外国银行能够为中国的居民和企业提供外币服务。虽然在 WTO 协议的保证下，零售市场在 2006 年 12 月对外国银行开放，然而从 2004 年 2 月开始，中国开放了国内的本币市场业务，允许外国银行向指定城市和地区的中国企业提供本币服务。2006 年后期，在允许外国银行吸收中国居民的人民币存款之前，中国的金融监管机构又施加了新的监管要求①，这就导致外国银行进入中国金融市场的进程被延迟了。2007 年 4 月，花旗集团公司、汇丰控股有限责任公司、渣打集团有限公司、东亚银行有限公司这四个外国银行机构在获得了中国政府的批准之后，开始从中国居民中吸收人民币存款。

中国政府对银行业监管改革的另一个重要尝试是在 2003 年成立了中国银监会，统一监督管理银行和其他金融机构的合法运行。同时在 2003 年，国务院发布了“试点国有银行整改计划”（pilot state - owned bank - overhaul program），向中国银行和中国建设银行投入了 450 亿美元来增加资本，而不是注销坏账。国家同时并实施了新的银行资产质量的内外部监督体系，银监会更新了鼓励外国股权购买的指导政策，允许外资可以持有任何内资银行不超过 25% 的股权。

加入 WTO 之后，我国银行业私有化改革的进程稳步推进，许多战略外部投资者都购买了内资银行的股权。2003 年 1 月，花旗银行购买了上海浦东发展银行 5% 的股权；2003 年 12 月，由恒生银行有限责任公司、国际金融中心等组成的国际财团联合购买了兴业银行 24.98% 的股权；2004 年，美国新桥投资集团公司购买了深圳发展银行 18% 的股权，外商投资者首次成为一个国有内资银行的最大的控

① 除此之外，新的规则要求外国银行要在本地开展经营业务，如建立独立的持股公司，在中国有自己的董事会。

制性股东；2004 年 8 月，香港和上海汇丰银行有限责任公司也集资购买了交通银行 19.95% 的股权；2005 年 12 月，渤海银行成立了，它是第一家在发起设立阶段就引入境外战略投资者（渣打银行，占 19.99% 的股权）的中资商业银行。2005 年到 2006 年初，中国建设银行、中国银行、中国工商银行也都公布了部分私有化的计划，要吸收少量的外资所有权。这些外资包括花旗、汇丰、德意志银行、苏格兰皇家银行等。

为了改善中国银行管理，监管机构实施的另一项战略举措是鼓励银行在证券交易所上市，进一步得到有效的外部监管。继深圳发展银行、上海浦东发展银行和中国民生银行上市之后，2002 ~ 2007 年招商银行、华夏银行、兴业银行、中信银行这四家股份制商业银行，还有宁波银行、南京银行、北京银行三家城市商业银行均相继上市。2005 年 6 月，交通银行在香港成功上市，成为第一个在境外上市的中国内资银行。之后，2005 年 10 月，中国建设银行在香港上市；2006 年 6 月和 7 月，中国银行先后在香港证券交易所和上海证券交易所成功上市；中国工商银行和中国农业银行也分别于 2006 年 10 月和 2010 年 7 月上市。中国光大银行也于 2010 年在上海证券交易所挂牌上市。

2010 年，以中国农业银行股权改革上市为标志，大型商业银行顺利完成股份制改革，实现了国有独资商业银行向股权结构多元化的公众持股上市银行的历史转变，至此，全国共有 16 家上市银行①。到目前为止，我国的银行业体系主要包括五个层次：第一层次是两家政策性银行和国家开发银行②；第二层次是五个大型股份制商业银行；第三层次是其他股份制商业银行；第四层次是城市商业银行、城

① 16 家上市银行分别是深圳发展银行、宁波银行、上海浦东发展银行、华夏银行、民生银行、招商银行、南京银行、兴业银行、北京银行、中国农业银行、交通银行、中国工商银行、中国光大银行、中国建设银行、中国银行、中信银行。

② 国家开发银行的性质后来不再是政策性银行，成为国家的开发性金融机构。

市信用社和农村合作金融机构；第五层次是外资银行及外国银行在中国的分支机构。我国银行业系统的结构可以用图3-1表示。

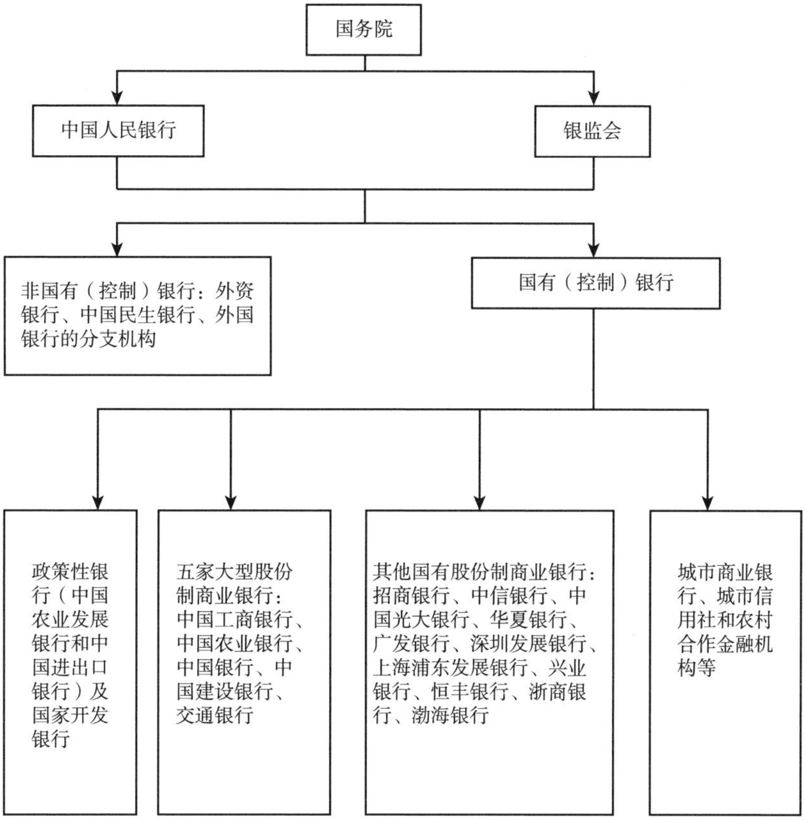

图3-1　中国银行业的结构

3.2　中国的国有企业改革背景

在过去的几十年里，中国国有企业的改革转型导致了中国经济结构的重大变化。国有企业改制，已经成为我国许多地区的常见现象，在许多情况下国有企业改制还包括对一部分国家所有权进行私有化。

“改制”这个词的意思是改革企业结构的形式，包括公开发行股票、内部重组、破产重组、员工持股、公开销售、租赁经营和联合经营等。然而，不像东欧和苏联的大规模国有产权私有化项目，我国的国有企业改革是循序渐进地、有节制地进行的。尽管如此，国有企业改革的重要性却是不容低估的。

3.2.1 中国的国有企业改革

在1978年之前，中国的经济是高度集中的计划经济体制。1978年，以邓小平为核心的中央领导集体，做出了实施改革开放的英明决策，我国经济开始从计划经济向社会主义市场经济转变。改革开放之前，我国采取的是苏联的传统计划经济结构，工业生产部门的企业大部分都是国家所有的，国有所有权实际上占据了我国非农行业的全部。1978年，国家所有权企业的工业产值占全国工业总产值的78%（Bajona and Chu，2010）。改革国有企业的部门已经成为中国经济改革的一个很重要的方面。改革开放向世界敞开了经济发展的大门，实施了市场导向的经济政策，并开始允许非国家所有权经济的存在和发展。

1988年全民所有制工业企业法的颁布是我国政府解释国有企业内部产权的一个尝试，目的是推动企业改革的广泛实施。1988年改革之前，国有企业的经理有很少的自主权，因为企业委员会负责做出最终的管理决策。企业很少重视利润目标的实现，对经营失败也没有有效的惩罚措施。在国有企业改革的早期，政府一开始只是想通过改革国有企业的内部治理和改善国有企业经营的环境来提升企业的业绩。我国农村地区家庭联产承包责任制的成功实施，促使政府在国有工业经济部门中也引入了一个契约机制，要求国有企业的经理人员要满足销售的目标、利润目标和投资率目标等。

国有企业改革的另一个尝试是对国有企业实施公司化改制，比较委婉的说法就是私有化。公司化改制包括首次公开发行一小部分国有股权给那些能够在证券交易所（指国内的上海证券交易所和深圳证券交易所）自由交易自己股份的非国有机构。然而，即使公司化改制之后，这些上市公司中大部分所有权仍然被母公司国有企业控制。正如张维迎使用“斑马论”① 来比喻改革开放 30 年来的经济体制改革，我国的国有企业改革也可以被看作是身上涂上了黑色条纹的白马，看起来似乎是斑马，实际上它还是原来那匹白马，即国有企业的最终所有权并没有发生变更，只不过是形式上的一小部分私有化而已。因此，有学者认为，公司化改制的目的是将国有企业从国家独资转变为现代西方式的公司制，即不危害其支配地位的公共（不一定是国家）所有权（Xu et al.，2005）。虽然在公司化改革之后，已经授予了公司化的国有企业许多决策权，但在做出处置资产、合并收购、管理人员任命等重大决策时，政府仍然保留最终的决策权。国有企业缺乏处置自己的资产、合并收购、任命高管人员等重大决策权，这是造成国有企业具有较高破产风险的根源。由于国有企业的管理层没有相应的决策权，而且当国有企业陷入财务困境时，政府会提供财务资助（Faccio et al.，2006），这使得国有企业的管理层没有提高企业经营效益的动机。政府一般通过降低国有企业的税负、向国有企业再注资偿还部分债务、实施债转股、建立国有资产管理公司来转移债务等这几种方式中的一种或者几种来对国有企业提供财务资助。政府实际上是国有企业的隐性担保人。

---

① 张维迎在讲述中国经济体制改革的逻辑时讲了一则寓言：一个村庄原来主要依靠马来干活。过了一段时间后，村长发现邻村依靠斑马干活，效果更好。所以虽然多年来对马大唱赞歌，他们还是决定拥抱斑马。唯一的障碍是说服那些已经接受了几十年崇尚马的洗脑教育的村民。村长制定了精巧的计划。每天晚上，在村民睡着的时候，他们就在白马身上涂黑色条纹。村民醒来后，村长就向他们保证说这些动物不是真正的斑马，仍然是从前的马，不过上面画上了没有危害的条纹。经过了很长时间的间隔后，村长开始用真斑马来取代涂上条纹的马了，这些庞大的动物改变了村里的财产所有权，提高了生产力，创造了财富。只是在所有的马都被斑马替换掉多年后，在村民已经享受了多年的繁荣后，村长才召集村民开会宣布他们的村子已经成为斑马村，斑马好，马坏。

不像国有企业，非国有企业在某些行业面临着大量的资本进入壁垒，这已经成为约束它们成长的最明显的制约因素之一（Linton，2006）。如果说银行向非国有企业的贷款授予决策主要依据竞争原则，即更多地依靠财务报表信息的内容和可信度，那么银行向国有企业的贷款授予决策则更多地依据政府的社会目标和政治目标。在通常情况下，国有银行贷款给国有企业是由于政治、就业和税收的原因，而不是盈利性的原因。因此，国有企业的存在创造了一个“双重”的市场，这个“双重”的市场主要通过加剧了资源的无效配置而影响了中国经济（Bajona and Chu，2010）。政府补助、来自国有商业银行的成本较低的贷款、保护国有企业的工人不被解雇的法律等使得国有企业的经营有一半都是亏损的（Lin et al.，1998）。

3.2.2 国有企业的政策重压与预算软约束

在国有企业改革之前，由于管理层缺乏经营自主权，因此除了“偷懒”之外，像在职消费、渎职和其他道德风险等代理问题在国有企业并不严重。然而，在改革之后，尽管管理层拥有了一定的决策权，由于改革前国有企业的政策遗留问题，国有企业面临着许多政策的重压，这些政策重压主要包括以下几种。

（1）支付资金成本和应对来自市场竞争的压力。许多大型国有企业的资本密集度是比较高的，因为政府通常把资本密集行业看作是对国家具有重要战略价值和战略意义的行业，从而指导国有企业在这些资本密集行业进行生产经营。然而，在一个稀缺的经济中，资本密集企业的行业在性质上是不具有竞争力的。如果它们不支付市场决定的利率和面临市场竞争，尤其是来自资本过剩经济的竞争，它们就不能够生存（Lin et al.，1998）。在改革之前，国有企业进行投资和日常营运资本所需要的资金都来自政府无息的财政拨款，然而在改革之后，政府用有使用代价的银行贷款代替了这种没有任何资金成本的财政拨款，逐渐取消了对国有企业的资金保护。从中国经济的资本稀缺性质判断来看，中国的国有企业面临着支付资金成本和应对来自市场竞争的重大压力。

(2) 国有企业承担着退休职工的退休金、多余职工的额外成本以及其他社会福利成本的压力。在改革之前，国家采取低名义工资的政策，工资仅够职工的当期消费，国有企业对职工的退休金、住房、医疗等其他需求负责。这种工资政策没有对国有企业形成任何压力，因为国家用财政拨款支付了国有企业的所有支出。然而，在国有企业改革之后，国有企业不仅必须支付在职职工的工资和社会福利，还必须支付退休职工的工资和社会福利。国有企业的历史越长，退休的职工越多，企业支付退休职工的退休金和社会福利支出等重压也越大。此外，改革之前国家采取的是重工业导向的发展策略，这种重工业导向的发展策略没有为城市居民创造足够的工作机会，国有企业因此被迫雇佣许多的工人。在一个转型经济中，如中国，维护社会稳定相对于经济增长更为关键。因此国家出于社会稳定目标的考虑，一般不允许国有企业解雇多余的职工。Bai 等 (2000) 认为国有企业有必要继续发挥它们在提供社会福利方面的作用，因为独立的社会安全制度没有发挥作用，有较强盈利动机的企业对维护社会稳定不感兴趣。

(3) 一些国有企业的产品价格仍然是歪曲的。能源、原材料和其他产品或服务的价格，是重工业项目的生产投入。在改革之前，为了支持国家发展重工业项目的战略目标，国家对这些能源、原材料和其他产品或服务的价格进行了人为的干预，不允许这些关键投入的价格过高。虽然在经历了十几年的改革之后，我国生产要素市场和产品市场都逐渐走向了价格自由竞争。然而，能源、运输及其他几个产品的价格仍旧保持低于市场的均衡水平，这些产品的价格是不能够维持住这些产品的生产成本的。

上述这几个方面的政策重压使得国有企业处于非常不利的位置，

使得国有企业无法在市场竞争中取得优势。由于每家国有企业的成立时间不同，在技术和资本密集度方面也有所区别的，有不同数量的退休职工和多余职工，因此上述政策压力对竞争的影响是很显著的。

理论上，国家应该为由于政策重压而给国有企业带来的损失负责。然而，由于信息不对称问题，国家很难区分政策性损失和国有企业自己的经营损失。国有企业的经理会将国有企业的损失全部归咎于国家的政策，而不管这个损失到底是由于政策压力还是国有企业自己的管理层舞弊。因此，在大多数情况下，国家实际上必须对所有国有企业的损失负责。这样，国有企业的预算约束变软了。软的预算约束反过来加剧了道德风险、管理层“偷懒”、在职消费和其他代理问题。为了解决代理问题，国家必须要直接干预国有企业的经营，那么还会产生严重的政策压力，这样，就进入了国有企业的政策压力、代理问题和对国有企业管理体制进行干预的恶性循环。

最早提出预算软约束的是匈牙利的经济学家亚诺什·科尔奈（Kornai，1986）。向企业提供资金的机构（政府或银行）未能坚持原先的商业约定，使企业的资金运用超过了它的当期收益的范围，这种现象被亚诺什·科尔奈（Kornai，1986）称为“预算软约束”。科尔奈（1986）指出，约束的软硬程度取决于具体的环境条件，即取决于要求遵守行为规则的社会关系，传统社会主义的预算约束都是软的。因为如果企业亏损，它也不会真正破产，即停止营业。企业总会得到国家外来的帮助：接受追加贷款、减免税收、获得补贴或者提高销售价格，结果它最后总会摆脱财务困境。

Naughton（1996）指出，中国的国有企业改革没有建立起边界清晰的产权。虽然部分国有企业改革把中小国有企业卖给私营的个人，留下较大的国有企业。在这个过程中，许多盈利的国有企业私有化了一部分国有产权或者将它们的资产剥离掉。剩下的大型国有企业仍然面临着财产权不明确带来的激励问题和预算软约束的持续存在。

3.3 中国制度背景下的银企关系

3.3.1 我国银企关系的历史变迁

一个国家银企关系的模式选择和所呈现的特点与这个国家的经济发展环境、金融体制环境和法律环境是密不可分的。我国是一个处于转型经济中的发展中国家，在从计划经济体制向市场经济体制转型过程中，我国政府不仅对金融体制进行了改革，如采取措施使国有商业银行按照商业化的原则经营、促使商业银行在公开的资本市场上上市以接受更严格的外部监管、逐渐对外开放了我国的银行业务等，而且也对我国经济发展中的最大主体国有企业进行了一系列改造，尽管改革的成效颇有争议。我国金融体制环境和经济运行环境发生的这些变化深刻影响着我国银企关系的模式选择和所呈现的特点，在前两节中我们已经详细分析了我国金融体制改革的背景和我国国有企业改革的背景，我国银企关系的发展历程与我国金融体制改革和国有企业改革的进程是息息相关的，因此，我们主要结合我国金融体制的变革过程和国有企业的改革过程来描述我国银企关系的历史变迁，把银企关系的历史变迁主要划分为四个阶段，并在变革过程中体现出鲜明的时代特征。

（1）1978 年改革开放之前传统的计划经济阶段。

新中国成立初期，我国的经济体制借鉴的是苏联模式，在经济上实行高度集中统一的计划经济体制。我国的社会主义银行体制在 20 世纪 40 年代后期建立，效仿的也是苏联的银行体制。这种银行体制是单一的银行模式，中国人民银行同时履行着中央银行和商业银行的职责，银行既是国家行政管理机构的一个组成部分，又是向工商企业进行贷款的金融机构。中国人民银行将多种金融机构的功能合并为一，形成了“大一统”、单一型的国家银行体系。

在这种计划经济体制之下，银行和企业都是附属于国家的，是经济运行所不可少的经济部门。在计划经济运行体制之下，工业包产、商业包销、物资统配、资金统供，各个经济部门都在政府的指令下有序运转，维持着社会主义经济的生产方式。这一时期我国银企关系的特征是银企不分家、政企不分家。这一时期的模式被称作单一银行模式，人民银行既是发行货币、管理全国金融机构的国家行政机关，又是向工商企业办理贷款业务、进行经济结算的金融单位。银行体系内部实行的是行政单位的管理办法，对各级银行实施统收统支、统存统贷的信贷资金管理制度。银行实际上发挥着国家财政的结算功能，是中央政府划分国家财政资金的一个行政部门，在“大财政、小银行”的体制下，银行并非真正的商业银行，毫无商业银行经营的盈利性目标。

另外，由于高度集中的计划经济体制，所有企业也都是归国家所有的，这些企业都是政府达到政治目标和社会目标的一种工具。企业的经营完全是按照政府的意图，在生产上完全是按照政府下达的计划生产指令来实施生产，企业投资资金的来源也完全由国家通过银行向企业进行财政拨款而来，企业的营运资金也大部分来自国家的财政拨款，只有一小部分来自银行。在这种投融资机制下，企业基本上是无偿地使用国家的财政资金，虽然财政资金通过银行划拨给企业，但银行基本上是负责处理这些资金在国家财政和企业之间的流转过程，银行和企业之间是不存在真正意义上的商业关系，企业是完全依附于国家财政和银行的，银企之间是非真正意义上的债权债务关系。

（2）1978～1983年经济体制改革的初期阶段。

从1978年开始，我国开始实行改革开放的经济政策。1978～1983年这段时间是我国经济体制改革的起步阶段，虽然企业和银行仍然没有脱离计划经济的束缚和控制，但生产经营权的下放和利益的转让（即放权让利）让企业拥有的一定的生产经营自主权，“利改税”政策（即将国有企业向国家上缴利润改为缴纳所得税）的初步实施在一定程度上调动了企业的积极性。由于实施“利改税”可以让企业保留全部的税后利润，企业掌握了部分可以自由支配的流动资金，因此有偿还能力的企业可以向银行申请贷款扩大项目的投资，改善企业的生产经营。

此外，1979 年国家开始在北京、上海、广东等试点城市实施“拨改贷”（即将国家向企业的财政拨款改为银行向企业的贷款）。然而“拨改贷”资金名义上是“贷款”，但本质上仍然属于财政资金，建设单位使用该项贷款仍然需要偿付本息。简言之，“拨改贷”资金是国家与建设单位之间基于特定的基本建设项目形成的资金供应和使用关系，因“拨改贷”资金形成的法律关系不属于借贷法律关系，而是财政资金的使用关系。

总之，虽然经济体制改革初期实施的一系列初步的经济政策在一定程度上拓展了银行的经营业务，但整个经济运行并未脱离计划经济的轨道，企业的生产经营还是以国家的指令性计划为主，大部分财政资金仍然是财政划拨，银行和企业之间的信贷关系虽然有了一定的制约型改进，但还是比较弱的。

（3）1984 ~ 1996 年社会主义市场经济体制的转型期。

从这一时期开始，经济体制改革的力度不断加大，整个经济体制开始向社会主义市场经济体制转变。1985 年，“拨改贷”开始在全国各行业全面推行。但国家对行政事业单位等非营业性的项目仍实行无偿投资，这样，国家预算内的基本建设投资分成拨款投资和“拨改贷”投资两部分，两种资金在建设银行分列账户，分别管理，分别核算。“利改税”政策也有了进一步的改革，设立了许多新的税种，也是我国工商税制的一次全面的改革，并对企业的利润分配办法实施了进一步的改革，解决了国家与企业的分配关系，更好地发挥税收的经济杠杆作用，同时为国家的财政体制管理改革也创造了一个好的条件。

在金融体制改革方面，1984 年国家成立了四大银行，将商业银行的职能从中国人民银行剥离，中国人民银行专门行使国家中央银行的职能。1985 年国家放松了四大银行的贷款范围限制，国家开始允许四大银行在不同的经济部门之间进行竞争，进一步扩大了这些商业银行筹资和资金分配的范围。这对企业来说是一个很好的转变，企业的融资来源在很大程度上开始转向银行贷款，银行和企业之间广泛的信贷合作逐渐展开，极大地促进了我国向社会主义市场经济的转变。此外，在 20 世纪 90 年代初期，上海证券交易所和深圳证券交易所先后成立，扩展了企业通过资本市场的融资渠道。但由于资本市场融资有较多的限制，资本市场准入的门槛较高，因此，企业融资的来源仍然主要依赖于银行贷款。

同时，这一时期非国有经济的成分也开始发展并逐渐壮大，政府为了避免经济转型带来的社会动荡和不安，对国有企业仍然是扶持的，主要表现为银行的信贷资金主要流向国有企业，国有商业银行的贷款严重地向国有企业倾斜。因此，这段时期虽然银行与企业之间形成了具有一定约束作用的债权债务关系，然而，这种银企关系主要体现为国有企业与国有银行之间的关系，国有银行与国有企业有着共同的所有人，它们之间的债权债务关系虽然是约束性的，但却是一种软约束，而不是一种刚性的硬约束。

（4）从 1997 年至今初步建立社会主义市场经济的阶段。

经过了 30 多年向市场经济的转型，国有企业已经开始全面实行市场化经营，国有银行也开始向商业银行转变。1998 年，中国人民银行开始对商业银行实行资产负债比例管理和资产风险管理，对银行系统的信贷控制由指令性信贷计划改为指导性信贷计划，政府逐渐放松了对银行和企业之间信贷交易的直接干预。

政府对银行和企业之间的信贷干预减少之后，信贷交易行为逐渐地趋向市场化，银行和企业均可以在信贷市场上自由选择信贷交易的另一方主体。但由于上一个阶段国有企业与国有银行之间的债务软约束，国有企业背负了巨额的债务，国有银行形成了大量的不良贷款。为了解决银企之间这种畸形的债权债务关系，国家开始实施“债转股”策略，组建了四家金融资产管理公司，接管了四大国有银行的不良债权。银企关系又呈现出了一些新的特点。

3.3.2　现阶段我国银企关系的特点

经过 30 多年的经济体制改革，我国的整体经济总量有了突飞猛进的发展，经济体制正逐步向市场经济体制转型。我国经济主体的性质也发生了很大的转变，已经由原来的单一的国家经济/国有经济转变成以国有经济为主，民营经济、外资经济也大量存在的局面。加入 WTO 之后，我国的金融机构中民营资本和外国资本的份额也逐渐增加，成为我国金融主体中比较活跃的一部分。现阶段我国的银企关系呈现出以下特点。

（1）银企关系建立的市场性导向逐步显现。

随着经济体制改革进程的加快和金融体制改革所取得的一系列突破，我国的银企关系的市场性基础的地位也在加强，银企关系的市场化进程加快，建立银企关系的市场导向开始逐步显现。

经济体制和金融体制的改革给我国带来了投融资体制的巨大变化，我国经济运行的主体出现了多元化的趋势，虽然国有经济仍然是我国经济主体的主力军，但民营经济和外资经济也可以进入大部分的经济领域，并逐渐成为经济发展中最活跃的力量。金融市场的主体也发生了巨大的变化，除了国有商业银行之外，城市商业银行、城市信用合作机构、农村信用合作社、信托公司、金融租赁公司等其他金融机构也大量涌现，为企业的融资开辟了更加广阔的渠道。此外，自 2001 年我国加入 WTO 之后，银行业的对外开放也吸引了大量的外资银行和金融机构进入中国的金融市场。有的外资银行在中国设立了分行、支行，有的外资银行在中国设立了办事机构。与原来的国有银行垄断整个中国金融市场的局面相比，我国的金融市场的参与主体逐步多元化，单一的国有银行—国有企业的银企关系的局面已经不存在了，取而代之的是多元化市场化的银企关系。

除了银企关系的主体之外，银企关系的市场化导向的另一个表现是银企之间的借贷交易的市场化。1998 年，中国人民银行开始对商业银行实行资产负债比例管理和资产风险管理，对银行系统的信贷控制由指令性信贷计划改为指导性信贷计划，此后我国政府对银行和企业之间信贷交易进行直接的干预减少了。2005 ~ 2010 年的五年之间，我国的四大国有商业银行已经实现了全部上市，标志着我国商业银行的股份制改造初步完成。股份制改造完成之后，银行和企业都逐渐成为独立的市场主体，在选择市场交易对象和行为时有了更大的选择权。

（2）从银行融资成为企业外部融资的主要渠道。

在我国经济体制改革与金融体制改革的进程中，虽然政府推行的金融支持政策在很大程度上促进了经济结构和产业结构的调整，然而在政府推行的金融政策中有一部分是金融抑制政策[①]。这些金融抑制政策使得我国的金融机构和金融市场的发展受到很大的限制，再加上我国外部资本市场的发展起步较晚，外部资本市场并不发达，企业从外部资本市场上进行直接融资的渠道受到限制，因此，我国企业的主要融资来源还是银行。根据中国人民银行公布的统计数据，2002 ~ 2010 年我国金融市场上来自银行贷款的资金一直不断增加，从 2002 年的 13.13 万亿元增加到 2010 年的 47.92 万亿元，并且，每年企业贷款融资的资金都是企业股权融资的资金的 20 倍左右，即使在 2007 年金融危机期间，企业贷款融资的资金与企业股权融资的资金之比也

① 金融抑制是由美国经济学家 E. S. Shaw 和 R. I. Mckinnon 在 1973 年提出来的，他们是以发展中国家的货币金融问题为研究对象，指出当政府过分干预金融，如人为地压低利率和汇率以致造成金融与经济之间存在一种恶性循环状态时即称为金融抑制（financial repression）。

达到了15.39倍，2005年该比例最高为27.05倍，而在2010年，我国金融市场上的贷款融资也是股权融资的17.75倍。我国银行贷款在企业外部资金来源中所占比重从另一方面表明了中国银企关系对中国企业发展的重要性，即中国企业的发展离不开能够提供给企业贷款融资的中国的银行和其他金融机构。

(3) 大量的不良贷款已经不是我国银企关系的主要障碍。

长期以来，银行贷款是我国企业的主要外部融资渠道，这种状况在未来较长一段时间内难以改变。金融市场的不发达导致我国的银行无法利用其他金融工具来分散金融风险，银行和企业发生贷款交易以后，如果企业无法归还贷款，银行的不良资产势必会大量增加。另外，由于历史原因和我国国有企业的体制背景，国有企业普遍存在"预算软约束"，归还银行贷款的动机很弱，因此银行承担了大部分的不良贷款损失。

但随着我国银行体制改革进程的加快，商业银行的股份制改革、商业化经营和上市，以及外资银行的进入和其他类型金融机构的建立，促进了银行之间的竞争，银行也在管理体制方面进行了一定的创新。在这些因素的共同作用下，我国主要商业银行的不良贷款余额自2003年以来不断减少，主要商业银行的不良贷款率也逐年下降，从2003年的17.9%下降到2010年的1.3%。表3-1列示了我国主要商业银行（包括大型商业银行和股份制银行）在2003~2010年不良贷款的情况。

表3-1　我国主要商业银行不良贷款情况表

(2003~2010年)

年份	2003	2004	2005	2006	2007	2008	2009	2010
不良贷款余额（单位：亿元）	21044.6	17175.6	12196.9	11703.0	12009.9	4865.3	4264.5	3690.9
不良贷款率	17.9%	13.2%	8.9%	7.5%	6.75	2.4%	1.6%	1.15%

注：不良贷款率=不良贷款余额/贷款余额。

3.4 本章小结

本章是在前面文献综述的基础上对我国制度背景的介绍及我国制度背景下的银企关系的描述，将中国的金融体制改革大体上划分为三个阶段：20 世纪 90 年代之前的银行体制变革、20 世纪 90 年代到 2001 年加入 WTO 期间的银行体制变革、加入 WTO 之后的银行体制变革。通过对我国银行业体制改革过程的描述，展现了我国各个时期银行体制改革的特点及其所取得的巨大的成就。接下来介绍了中国国有企业的改革背景，并着重从国有企业的政策重压与预算软约束的角度描述了我国特殊的国有企业改革背景。在此基础上对中国制度背景下的银企关系的历史变迁与现阶段所呈现出的特点进行了归纳和总结。

第4章　基于产权安排的银企关系与借款公司的会计稳健性

4.1 引　　言

4.1.1 银行对借款人会计稳健性需求的动因分析

银行对会计稳健性需求的一个主要来源是银行对借款人违约风险的关注。Watts（2003）解释说，稳健的会计是一种有效的债务契约技术，用来解决因贷款人拥有不对称的信息和不对称的回报而产生的代理问题。由于贷款人承担着贷款后的下跌风险（downside risk），他们便会对借款人的净资产有一个最低的限制以保证其能够足以偿还债务契约的总额。稳健的会计有效地满足了这一需求，因为会计稳健性导致了会计损失的更加及时的确认和净资产价值的低估，这会使得贷款人更早注意到违反债务契约的迹象。因此，会计稳健性通过将重要的决策权从亏损企业手中迅速转移到贷款人手中而保护了贷款人（Ball et al.，2008）。

对于银行来说，借款人产生未来现金流量的能力是它们最为关心的，因为这会影响到银行的信用风险（credit risk）。信用风险是因借款人无法按照约定偿还银行贷款的本金和利息而造成的银行的盈利性和资本金风险。信用风险是银行失败的主要原因，也是银行管理层所面临的最明显的风险（Fraser et al.，2001）。因此，银行就有动机降低因借款人的财务状况被高估的风险，因为高估借款人的财务状况可能会导致信用风险。体现在财务报告方面，银行就比较偏好稳健的财务报告，因为稳健的财务报告不会导致对企业财务状况的高估，也就不会导致对企业产生未来现金流量能力的高估。

在这方面，许多实证研究也提供了经验证据的支持，表明贷款人在信息不对称的状态下比较偏好稳健的会计。例如，Watts（2003）表明贷款人比较关注盈余的下限，在贷款存续期内使用较低的盈余指标来度量企业的盈利能力，监督借款人的偿还能力。他还认为稳健性能够解决道德风险，限制管理层在财务报告中的机会主义行为。Leftwich (1983)，Ahmed 等（2002）和 Watts（2003）认为会计稳健性在有效的债务契约中起着重要的作用。贷款人偏好稳健会计的另一个原因是稳健性能够降低股东和债权人之间的代理冲突。因为企业的债务越多，股东—债权人冲突就越大，债权人当然对稳健财务报告的需求就越高。Ahmed 等（2002）证实了稳健性是解决代理冲突的一种机制。

4.1.2 产权安排下的银企关系

企业的产权安排是一种重要的制度安排，这种制度安排对企业的筹资、投资和经营决策等企业的经济行为均会产生重要的影响。本章中的产权安排实质上是一种所有权安排，主要是指企业最终控制人的类型。我国上市公司中绝大部分是由国有企业控股的，我国的金融机构大部分也是由国有商业银行构成的，这种特殊的制度安排导致了国有企业和国有银行具有共同的控制人即政府，政府不会仅仅站在企业的角度或者银行的角度考虑，而是基于整体的利益来做出决策，结果往往是将债务人和债权人之间的利益冲突内部化。因此，产权的安排关系到银行和借款企业之间的债务契约关系，进而会影响到借款企业的会计稳健性需求。虽然已有不少文献研究了企业的所有权安排对企业会计稳健性的影响，但是却有较少的文献考虑银行的所有权安排对企业会计稳健性的影响，本章考察了企业和银行的所有权安排对借款企业会计稳健性的影响，补充了以往研究的不足。

4.2 理论分析与研究假设

4.2.1 研究的两个理论前提

在第 2 章我们已经讨论过，债务治理作用的发挥必须要具备两个条件：债务契约的约束性规定和破产机制的存在。体现在债务契约中，笔者认为在对银企关系与借款公司会计稳健性的关系进行研究之前，必须首先要满足两个重要的前提：第一个前提是我国上市公司在与银行签订贷款契约时采取了以会计数据为基础的违约条款；第二个前提是当违约行为发生时，我国的执法机构（即法庭）会确保贷款人契约权利的执行。如果上述两个前提中的任何一个在我国无法满足，那么会计稳健性就不可能作为一种有效的债务契约技术解决借贷双方的代理问题。

当债务契约的签订是以借款人的会计数据为依据时，如果借款人违反了债务契约中的会计数据，贷款人就可以用契约权利的介入来保护他们的投资。但如果借贷双方并没有将借款人的会计数据的限制写入债务契约，那么贷款人就没有依据凭借契约权利保护自己的利益，会计稳健性就不可能成为一种有效的债务契约技术。首先要确认这样的前提在中国的背景下是否存在。由于银行和借款企业均未公开双方签订的私有借贷协议，因此我们对银行与借款企业的借贷协议中是否存在使用会计数据条款的检验无法取得大样本的数据，然而，笔者从银行①工作的同学、朋友和亲属那里取得了一些银行的贷款合同，发现我国的商业银行在贷款协议中均使用了以会计数据为基础的限制性条款，国有企业和非国有企业均认可了以会计数据为基础的违约条款。Chen 等（2010）通过检验中国的债务契约样本，也证实了这一前提在我国是成立的。因此，我们认为，取得的这些贷款协议可以代表中国背景下银行和企业的债务契约，中国上市公司是普遍接受银行在借款合同中以会计数据为基础的限制条款的。实际上，胡亦明等（2004）的研究发现，我国的一些银行通常在借款契约中使用资产负债率、流动比率、总债务与息税、折旧及摊销前收益的比率、速动比率、已获利息倍数、经营活动产生的净现金流量、总债务、现金流

① 笔者通过沟通了解到的银行有中国建设银行、中国银行、中信银行、招商银行、兴业银行、齐鲁银行、威海市商业银行、农村信用合作社。

量、现金流动负债比率、或有负债比率等会计指标来做出贷款决策。

对于研究的第二个前提，贷款违约时法庭会确保贷款人契约权利的执行。在翻阅企业的年度财务报告时，我们发现，我国上市公司在年度财务报告的“重要事项”部分中会披露与贷款有关的诉讼信息。Chen 等（2010）的研究表明，2001～2006 年存在 1269 起与贷款有关的起诉上市公司的法律诉讼，并且大多数诉讼结果支持了具有有效契约权利的贷款人。于李胜（2008）通过调查问卷的方式对我国的商业银行在贷款发放后企业出现问题时银行如何采取资产保全措施得到了两个结论：一方面银行主要通过法律诉讼及追溯连带责任人实现，另一方面主要通过提前收回贷款及追加抵押物或者保证人。Ayyagari 等（2010）也明确指出，中国的银行主要依赖法庭、国家和地方政府来收回担保物并确保贷款的归还。这些均证明了在我国的背景下贷款人诉诸法律来实施担保物收回的贷款权利是一种正常的情况，在我国贷款违约时贷款人可以诉诸法庭来确保契约权利的执行，即第二个理论前提在我国也是成立的。

4.2.2　借款企业所有权安排、银企关系与借款公司的会计稳健性

（1）理论分析。

从公司治理的角度来讲，企业的所有权包括剩余索取权和剩余控制权。在现代企业中，企业的出资者不仅只有一人，谁拥有企业的最终控制权和支配权是至关重要的，因为它能够影响到交易中利益各方的既得利益，从而影响到企业治理结构的效率。

所有权结构作为一种重要的公司治理机制，对股东和经营者的行为均具有重要影响。在我国社会主义公有制的经济体制下，国有企业是我国企业经济主体的主要类型。我国证券市场设立的初衷也是为进行有效的国有企业改革而服务的。为了维护社会主义公有制的主体地位，我国在国有企业改革的过程中均采取了国家控股的股

权模式。由于政府在经济社会和经济活动中的特殊身份，国家控股的企业与民营控股的企业在经济活动中可能会受到不同的“国民待遇”，面临着不同的发展机遇和政策环境。在企业向银行或者金融机构进行融资时，贷款人可能会因此向国家控股的企业提供不同于民营控股企业的贷款条件，对两类企业会计稳健性的需求也会有所不同。具体来说，贷款人对国有控股企业的会计稳健性需求不同于贷款人对民营企业的会计稳健性需求主要有两个原因：国有企业的政策重压和预算软约束。

这两个问题在文章的第3章也已经所有涉及。由于国有企业改革之前的历史遗留问题，国有企业面临着许多政策重压，如支付高额资金成本和应对来自市场竞争的压力、退休职工的退休金和其他社会福利支出的压力等。这些巨大的政策压力让背负着沉重包袱的国有企业的成长和发展都比较缓慢，而且很可能会造成国有企业的亏损，有的国有企业甚至亏损得非常严重。于是，国有企业便与政府进行讨价还价来获得事前的政策优惠，如在政府的帮助下获得利率较低的贷款、国家对其进行税收减免、关税保护甚至补偿损失等。出于社会稳定因素的考虑，政府可能不会允许转型期内国有企业的破产，所以当国有企业陷入财务困境求助于政府时，政府并不会袖手旁观，而是给予其必要的财政资助，这实际上是政府对国有企业提供的隐性担保（保护）。如果得到政府保护的国有企业仍然处在财务困境中，那么它们会再次求助于政府获得事后的财务帮助，这就是债务软约束下的规则（Lin and Tan，1999）。因此，国有银行通常贷款给国有企业是政治、就业和税收等社会稳定因素的影响，而不是出于盈利性的考虑。不像国有企业，非国有企业面临着大量的资本进入壁垒，这已经成为约束它们成长的最有约束力的限制之一（Linton，2006）。因此，银行向非国有企业的贷款授予决策几乎没有非经济的原因，而更多的是根据竞争原则，依靠财务报表信息的内容和可信度。

虽然在中国国有企业改革的过程中政府把一部分中小国有企业卖

给了私营的个人，然而剩下的大型国有企业仍然面临着财产权不明确带来的激励问题和预算软约束的持续存在问题。正如匈牙利经济学家亚诺什·科尔奈所说的那样，约束的软硬程度取决于具体的环境条件，即取决于要求遵守行为规则的社会关系，传统社会主义的预算约束都是软的（Kornai，1986）。因为如果企业亏损，它也不会真正破产，即停止营业。企业总会得到国家外来的帮助：接受追加贷款、减免税收、获得补贴或者提高销售价格，结果它最后总会摆脱财务困境。

因此，政府的内在担保使得国有企业面临着较低的违约风险。Chen 等（2010）检验了国有企业和非国有企业在贷款违约方面可能的差异，结果发现了国有企业贷款违约的可能性确实比非国有企业要低一些。这种差异并不能由国有企业和非国有企业之间财务风险因素和经营业绩的差异所解释，可能的原因在于政府的内在担保作用降低了国有企业的违约风险。

非国有企业不会像国有企业那样能够享受政府的隐性担保和内在保护。结果，当非国有企业不能用足够的资产来归还借款时，贷款人就会遭受较高的贷款损失。除了政府对国有企业的内在担保和国有企业的预算软约束会造成国有企业的违约风险较低之外，还有一个原因也可能会造成我国国有企业具有较低的违约风险，就是 20 世纪 80 年代初期我国对国有企业实施的公司化改制。在第 3 章我们已经谈及，我国政府实施的公司化改制包括首次公开发行一小部分国有股权给那些能够在证券交易所（指国内的上海证券交易所和深圳证券交易所）自由交易自己股份的非国有机构。政府实施公司化改制的目的是要改善国有企业的经营业绩，完善国有企业的公司治理，从而改善中国资本市场的投资环境。因此，政府就会有很强的动机来确保国有企业的财务状况是稳定的，如果国有企业的财务状况不稳定，那么政府继续实施公司化改制的能力就会受到负面影响。这样说来，即使不考虑政治、税收和就业等社会稳定的因素，政府也会愿意帮助国有企业摆脱财务困境，阻止国有企业的违约行为。此外，在我国，企业获取上市资格的竞争是非常激烈的，能够上市的国有企业通常是那些业绩比较好的国有企业，这些企业往往具有较低的违约风险。

以上这些分析均表明，相对于非国有企业，贷款人对国有企业的违约风险和负面风险较不关心，因此，体现在债务契约中对会计稳健性的需求方面，贷款人对国有企业的稳健性需求就会比贷款人对非国有企业的稳健性需求要弱一些。

（2）研究假设。

总之，国家控股的国有企业具有政府的隐性担保，当国有企业出现无法归还贷款的风险时，贷款人不会遭受太大损失，贷款人对国有企业的违约风险关注程度较低，因此贷款人对国有企业的稳健性需求就会比贷款人对非国有企业的稳健性需求要弱。我们假设，国有企业的会计稳健性比非国有企业的会计稳健性程度低。因此，我们的第一个假设是：

H4 -1：与非国有企业相比，国有企业的会计信息更稳健。

4.2.3 银行的所有权安排、银企关系与借款公司的会计稳健性

（1）理论分析。

银行的所有权安排除了会影响银行的效率之外，还会影响银行的贷款决策。在国外已有的涉及银行借款债务治理的研究中，许多研究都假定贷款人是同质的（e. g. Zhang，2008；Ahmed et al.，2002）。然而这种假设在中国的背景下是不可能成立的，在本书第3章我们已经谈及中国银行业体制的特殊性，有主要根据政府的政策指导资助基础设施项目的政策性银行，有服务于国有企业主要向国有企业提供贷款的国有四大银行，随着加入世贸组织的进程，我国政府对银行业也有所开放，越来越多的外资银行进入我国金融市场等。

并且，国有银行和非国有银行的目标函数存在本质的不同。研究者采用了三种不同的观点解释了国有银行的存在性和作用：社会、代

理、政治（Sapienza, 2004）。从社会的观点来看，国有银行具有非常广泛的社会目标，而不仅仅是非国有银行利润最大化的目标。Stiglitz 和 Weiss（1981）、Greenwald 和 Stiglitz（1986）都认为，公共金融机构的建立是为了治愈金融和信贷市场的失败。因此，国有银行的目标函数应当是引导资源流向创造社会效益的项目或计划，或者引导资源流向获取资助比较难的企业。

从代理的观点来看，公共金融机构的建立也是为了治愈市场失败和寻求社会福利最大化。然而，由于它们面临着多元的不可计量的目标，它们的经理通常有较弱的努力经营动机（Tirole, 1994）。尽管国有银行仍然分配资源流向创造社会效益的项目，然而在它们的契约中缺少足够的激励导致它们的经理表现得不如非国有银行的经理努力（或者转移较多的资源）。

与社会和代理的观点不同，政治观点假设政治家是自利的单个人，追求个人目标而不是最大化社会福利。根据这一观点，政治家设立国有银行并不是为了分配信贷资源给创造社会效益的项目，而是为了追求个人的政治目标。例如，为投票民众提供就业的机会，或者向朋友和政治支持者转移资源或提供资金（Shleifer and Vishny, 1998）。

在以上三种理论观点之下，与国有银行相比，非国有银行更关心借款人的违约风险。Berger 等（2009）比较了四大国有银行、非四大国有银行、私有国内银行和外资银行的效率，他们发现外资银行是最具有盈利效率的，其次是私有国内银行、国有银行，四大国有银行是最不具有效率的。

除了目标函数的不同之外，银行关系的信息基础理论（Stein, 2002）认为，外资银行获取有关本地企业的“软”信息（如非财务信息）比较困难，而获得有关这些企业的“硬”信息（如财务信息）比较容易，因此，外资银行更可能与会计信息稳健的企业建立客户关系，而国有银行对企业会计稳健性的需求较低。

此外，尽管都是国家所有的，但政策性国有银行和商业性国有银行的贷款授予预测依据仍然存在差异。政策性国有银行主要是根据政府指导和社会公共利益来做出贷款授予决策，体现为在国家产业政策的引导下，支持区域发展的战略，贯彻国家的产业发展政策和区域规划，对相关产业和区域进行政策性优惠贷款。国家开发银行贷款主要向公共基础设施建设领域、国家的产业结构调整和区域协调发展等项目提供优惠贷款，中国进出口银行主要为我国重要设备、产品和高新技术产品的进出口买卖方提供优惠贷款，中国农业发展银行则主要集中于粮、棉、油等农产品物资上，为农业和农村经济发展服务。因此，从一定程度上来说，这些政策性银行所提供的金融服务是政府向社会提供的一种公共物品，具有一定的公共性。相比而言，虽然政府也会进行一定程度的干预，商业性国有银行主要根据经济利益和商业原则做出贷款授予决策，在相当大的程度上要考虑盈利性和贷款的违约风险。因此，与政策性国有银行相比，商业性国有银行可能更加关心企业的违约风险，对借款人会计稳健性的需求就会比政策性国有银行要高一些。

（2）研究假设。

总之，国有银行和非国有银行具有不同的目标函数，因此，它们对借款人归还贷款的资产保证程度有不同的需求，我们假设，企业从国有银行取得的贷款越多，贷款人对会计稳健性的需求就会越弱。而政策性国有银行和商业性国有银行的贷款授予预测依据也存在差异，商业性国有银行比政策性国有银行更关心借款人的违约风险，对借款客户会计稳健性的需求就会比政策性国有银行要高一些。因此我们假设，尽管政策性国有银行和商业性国有银行的贷款比例均与借款企业的会计稳健性负相关，然而与商业性国有银行相比，企业从政策性国有银行取得贷款的比例与会计稳健性的负相关关系更加明显。因此，我们的第二个假设是：

H4－2a：从国有银行取得贷款的比例越高，企业的会计信息越不稳健。

H4 - 2b：与商业性国有银行相比，企业从政策性国有银行取得贷款的比例与会计稳健性的负相关关系更强。

4.3　研究设计

4.3.1　数据和样本

本书所需要的数据主要来自国泰安经济金融研究数据库（CSMAR），主要是中国上市公司财务报表数据库、中国上市公司财务报表附注数据库和中国上市公司股东研究数据库。有关上市公司实际控制人信息的数据则来自色诺芬上市公司治理结构数据库（CCER）。

本书选取 2007 ~ 2009 年在深沪两市上市的 A 股股票为样本，主要原因有三个：首先，2007 年我国上市公司开始执行新的企业会计准则（即 2006 年 2 月发布的企业会计准则），新的企业会计准则在金融资产、资产减值、债务重组等业务的确认与计量方面都与原有的会计准则有很大的不同，这些差异会影响到企业的损益计算。因此，为了保证样本数据的一致性，本书将样本期间统一规定为企业执行新会计准则后的 2007 ~ 2009 年。其次，已有部分研究（刘斌、徐先知，2010；迟旭升、洪庆彬，2009）表明，新企业会计准则的实施也会影响到上市公司的盈余稳健性，因此，为了确保研究结果的可靠性，我们有必要保证样本期间所选择使用的会计准则的一致性。最后，自从我国在 2001 年加入世贸组织（WTO）之后，金融业的市场化程度越来越高，市场化程度较高的环境使得银行会在更大的程度上评价借款人的稳健性，因此本书选择市场化程度较高的最近三年。

在选取样本时，我们按照下面的标准进行筛选：（1）剔除了在计算模型中的现金流量和应计金额缺失数据的样本；（2）剔除了没有最终控制人和最终控制人性质不能够确定的样本；（3）剔除了金融类上市公司；（4）剔除了没有贷款余额的样本观测值；（5）剔除了缺少控制变量的样本观测值。在研究银行所有权影响时，我们还剔除了 CSMAR 财务报表附注数据库中没有贷款人信息的样本。样本选择过程和样本的行业分布如表 4－1 所示。

表 4－1　　　　样本选择和行业分布的描述性信息

Panel A：样本选择标准

2007～2009 年 CSMAR 数据库中深沪两市 A 股上市公司总观测值	4847
减去：计算现金流量和应计金额缺失数据的观测值	(338)
没有最终控制人和最终控制人性质不能够确定的观测值	(55)
金融行业样本观测值	(12)
没有贷款余额的样本观测值	(439)
剔除了缺少控制变量的样本观测值	(17)
得到样本 1：	3986
减去：财务报表附注数据库中没有贷款人信息的样本观测值	(2584)
得到样本 2：	1402

Panel B：样本 1 的行业分布和所有权类型分布

行　业	全样本		国有企业样本		非国有企业样本	
	数量	比重	数量	比重	数量	比重
农、林、牧、渔业	102	2.56%	60	2.46%	42	2.72%
采掘业	78	1.96%	75	3.07%	3	0.19%
制造业	2361	59.23%	1409	57.67%	952	61.7%
电力、煤气及水的生产和供应业	167	4.19%	156	6.39%	11	0.71%
建筑业	86	2.16%	57	2.33%	29	1.88%
交通运输、仓储业	166	4.16%	146	5.98%	20	1.3%
信息技术业	256	6.42%	100	4.09%	156	10.11%
批发和零售贸易	242	6.07%	145	5.94%	97	6.29%
房地产业	187	4.69%	99	4.05%	88	5.7%
社会服务业	121	3.04%	88	3.6%	33	2.14%
传播与文化产业	29	0.73%	19	0.78%	10	0.65%
综合类	191	4.79%	89	3.64%	102	6.61%

表4-1的Panel A报告了样本选择标准对样本规模的影响。由于缺少计算应计项目和现金流量的数据，我们剔除了338个样本观测值，还剔除了55个没有最终控制人和最终控制人性质无法确定的样本观测值。在剩下的4454个样本观测值中，我们又剔除了12个金融行业样本观测值和439个没有贷款余额的样本观测值，还剩下4003个样本观测值，由于缺少相应的控制变量，我们又剔除了17个观测值，最后得到样本1，共包括3986个样本观测值。在研究银行所有权与会计稳健性的关系时，必须要取得贷款人的详细信息，而由于很大一部分贷款人的信息在CSMAR财务报表附注数据库中没有，因此，我们删除了2584个无法取得贷款人信息的样本观测值，得到样本2，共有1402个样本观测值。

表4-1的Panel B报告了详细的分行业和分所有权的样本1的构成。样本1的行业构成与CSMAR数据库中总体样本的行业构成基本是一致的。最具有代表性的行业是制造业（占样本观测值的59.23%）。我们还发现国有企业从事采掘业，电力、煤气及水等公用事业，交通运输业和社会服务业的比较多。而非国有企业分布在信息技术业、房地产业和综合性企业的占较大的部分。原因在于国有企业经营的都是一些传统型的和资本密集型的行业，像采掘业、公用事业、交通运输业，这些行业对于非国有企业来说进入壁垒是非常高的。

4.3.2 模型的设计

在对本书所研究的几个主要问题进行实证分析之前，我们有必要对实证分析所要用到的模型进行选择。然而，目前学术界对于会计稳健性的度量模型存在许多，在第2章的文献综述部分我们已经对几种主要的会计稳健性度量模型进行了回顾和评价。通过对已有文献的回顾，我们发现采用不同的会计稳健性的度量方法有可能得出不一致的结论。在研究会计稳健性相关问题时，如果采用了不合适的会计稳健性度量方法，很可能会影响模型结果的显著性和回归结果中系数的方向，从而影响研究结论的可靠性或所研究的结论成立与否。因此，在研究与会计稳健性有关的问题时，选择会计稳健性的度量方法也是非常重要的一个环节，是一项研究是否成功的重要一步。

从净资产计量模型来说，Feltham - Ohlson 计量模型对研究人员的要求较高，要求区分企业的经营资产与金融资产，账面价值—市场价值比率法包含经济租金，与会计实务的做法并不一致；从应计计量模型来说，对数据的要求比较高，要求跨期数据的期间较长，并不符合我国资本市场起步较晚的发展状况；从盈余—股价回报关系计量模型来说，用股票回报来表示好消息和坏消息也与我国并不发达的资本市场不相符合，而且我国股权分置改革的经济现实同时也约束了股票价格对好消息和坏消息的充分反映；此外，已有的实证研究中使用净资产计量模型和应计计量模型的研究还比较少，难以获得可验证的结论。因此，综合考虑，本书采用了 Ball 和 Shivakumar（2005）的应计—现金流关系模型作为对会计稳健性的计量。

借鉴 Ball 和 Shivakumar（2005，2006），我们用下面应计和现金流的分段线性关系模型来估计企业会计信息的稳健性：

$$ACC_t = \varphi_0 + \varphi_1 DCFO_t + \varphi_2 CFO_t + \varphi_3 DCFO_t \times CFO_t + \varepsilon_t \quad (4-1)$$

其中，ACC_t 代表的是第 t 期的应计，CFO_t 代表第 t 期的现金流量。$DCFO_t$ 是哑变量，如果 $CFO < 0$，则 $DCFO = 1$。φ_2 表示应计平滑正向现金流噪音的程度，预期为负，$\varphi_2 + \varphi_3$ 表示应计平滑负向现金流噪音的程度，如果稳健性存在，则应计平滑负向现金流的程度比应计平滑正向现金流的程度更高一些，即 φ_3 应该为正。

在前述计量会计稳健性的基本模型的基础之上，根据本章研究的需要，我们对该模型进行了不同形式的转换。

4.3.3 变量的定义

（1）被解释变量的定义和度量。

本章的被解释变量是应计项目。学术研究中根据计算口径的不同将应计利润分为三类：总应计利润（total accruals，TACC）、经营性应计利润（operating accruals，OACC）和流动性应计利润（current accruals，CACC）。在 Ball 和 Shivakumar（2005，2006）的应计—现金流模型中，使用了总应计利润。本章借鉴 Dechow，Sloan 和 Sweeney（1995）、Chen 等（2010）定义总应计利润的方法，将应计项目定义为：

$$ACC_t = \Delta CA_t - \Delta CL_t - \Delta Cash_t + \Delta STD_t - Dep_t \qquad (4-2)$$

其中，ΔCA_t 代表第 t 期流动资产的变动，ΔCL_t 代表第 t 期流动负债的变动，$\Delta Cash_t$ 代表第 t 期现金的变动，ΔSTD_t 代表第 t 期长期负债中流动部分的变动，Dep_t 代表第 t 期的折旧和摊销金额。在计算时对公式中各变量的定义如下：

ΔCA_t 指当期流动资产金额的变动，ΔCA_t = 当期期末流动资产 - 当期期初流动资产。ΔCL_t 指当期流动负债金额的变动，ΔCL_t = 当期期末流动负债 - 当期期初流动负债。$\Delta Cash_t$ 指当期现金金额的变动，我国上市公司的资产负债表中均披露了货币资金的期初和期末余额，这个货币资金包括企业的库存现金、银行结算户存款、外埠存款、银行汇票存款、银行本票存款、信用卡存款、保证金存款等，因此我们使用当期货币资金的变动来表示当期现金余额的变动，即 $\Delta Cash_t$ = 当期期末货币资金 - 当期期初货币资金。ΔSTD_t 指一年内到期的长期贷款金额的变动，我国上市公司的资产负债表中披露了一年内到期的长期负债，该项目主要披露的是一年内到期的长期贷款金额，因此我们用一年内到期的长期负债来替代长期贷款的流动比例，ΔSTD_t = 当期期末一年内到期的长期负债 - 当期期初一年内到期的长期负债。

Dep_t 是指当期的折旧和摊销，是根据上市公司采用间接法编制的现金流量表中的“固定资产折旧、油气资产折耗、生产性生物资产折旧”项目的当期金额确定的。

通过前述方式，根据各项目的计算和公式，我们就能够比较容易地得到应计项目的金额，但最终模型中的因变量是标准化的，即用应计项目的金额除以当期期初总资产，得到标准化的应计项目金额。

（2）解释变量的定义和度量。

模型中有以下主要解释变量：

①经营活动现金流量（CFO_t）。

根据 Ball 和 Shivakumar（2005，2006）的研究，经营活动现金流量（CFO_t）的计算是用扣除非经常项目前的盈余减去应计利润得到的，即：

$$经营活动现金流量(CFO_t) = 扣除非经常项目前的盈余 - ACC_t \tag{4-3}$$

扣除非经常项目前的盈余[①]在我国是指上市公司财务报表中披露的扣除非经营性损益后的净利润，是从数据库中直接得到的数据。

②经营活动现金流量是否为负（$DCFO_t$）。

该变量是哑变量，如果经营活动现金流量（CFO_t）为负值，即 $CFO_t < 0$，则将 $DCFO_t$ 定义为 1，否则将 $DCFO_t$ 定义为 0。

③是否是国有企业（SOE）。

该变量是哑变量，我们根据上市公司实际控制人的性质来界定是否为国有企业。根据色诺芬公司治理结构数据库（CCER）的定义，上市公司实际控制人是上市公司年报中披露的，截至 12 月 31

① “扣除非经常项目前的盈余”是“earnings before exceptional items and extraordinary items”的翻译叫法，在我国实际上就是上市公司年报中财务摘要部分披露的扣除非经营性损益后的净利润。

日，上市公司第一大股东的最后控股股东。如果实际控制人类别是国有控股，则将 SOE 定义为 1；如果实际控制人类别是民营控股、外资控股、集体控股、社会团体控股或职工持股会控股，则将 SOE 定义为 0。

④从国有银行取得贷款的比例（SOB）。

我国的国有银行包括两家政策性银行（中国农业发展银行和中国进出口银行）及国家开发银行、16 家国有股份制商业银行（分别是中国工商银行、中国农业银行、中国建设银行、中国银行和交通银行、招商银行、中信银行、中国光大银行、华夏银行、广东发展银行、深圳发展银行、上海浦东发展银行、兴业银行、恒丰银行、浙商银行和渤海银行）和其他一些城市商业银行、城市信用社和农村合作金融机构。本书将样本企业从以上国有银行取得贷款的金额占企业所有外部贷款总额的比重定义为从国有银行取得贷款的比例（SOB），来检验银行的国有所有权对借款企业会计稳健性的影响。

⑤从国有政策性银行取得贷款的比例（SPB）。

本书将样本企业从中国农业发展银行、中国进出口银行和国家开发银行取得贷款的金额占企业外部贷款总额的比重定义为从国有政策性银行取得贷款的比例（SPB），来检验国有政策性银行贷款对企业会计稳健性的影响是否与商业性国有银行有所区别。

⑥从国有商业性银行取得贷款的比例（SCB）。

本书将样本企业从除了中国农业发展银行、中国进出口银行和国家开发银行三家银行之外的其他国有银行取得贷款的金额占企业外部贷款总额的比重定义为从国有商业性银行取得贷款的比例（SCB），来检验国有商业性银行贷款对企业会计稳健性的影响是否与政策性国有银行有所区别。这些商业性国有银行主要包括 5 家大型商业银行、11 家国有股份制商业银行和其他一些城市商业银行、城市信用社和农村合作金融机构。

（3）控制变量的选取和度量。

以前的研究文献发现，企业规模、资产负债率、账面—市场价值比率都可能影响会计稳健性（LaFond and Roychowdhury，2008；Khan and Watts，2009）。借鉴 Ball 和 Shivakumar（2005，2006）、Chen 等（2010），本章共选取三个主要控制变量：规模（SIZE）、负债水平（LEV）和市场—账面价值比率（MB）。

①规模（SIZE）。

一般来说，规模大的公司是处于成熟期的企业，具有更加丰富的信息来源和信息获取渠道，这会降低企业整体的不确定性和信息不对称。已有的实证证据表明，规模大的公司的信息不对称程度比规模小的公司要低一些（e. g. Easley et al.，2002），从而在一定程度上表明规模大的公司对会计稳健性的契约需求更低一些。此外，具有较多分部的大公司也更可能通过综合不同分部的收益和损失来平滑整体的收益，降低了它们的纳税责任，从而减少了对会计稳健性的税收需求。但从另一方面来说，由于大公司存在固定的诉讼成本而导致大公司对会计稳健性有更大的诉讼需求。

这些均表明企业的规模是会计稳健性的一个影响因素，因此在我们研究银企关系影响会计稳健性的模型中有必要控制规模变量。本章将规模（SIZE）变量量化为企业当期期末总资产的自然对数。

②负债水平（LEV）。

只要是举债的企业，都会存在债权人—股东冲突的代理问题，这两方之间的代理问题可能表现为过度的股东分配、资产替代、投资不足和剩余索取权的稀释。会计稳健性导致了债务契约中会计数据的“硬”约束或者限制，因此限制了机会主义的资源分配，引起了违反债务契约的现象（Watts and Zimmerman，1986；Watts，1993，2003；Ball，2001）。这些均表明举债企业对会计稳健性有较高的契约需求。另外，财务困境企业更有可能被起诉，而企业陷入财务困境的可能性随着债务比例的提高而增加，这表明有较多负债的企业对会计稳健性有较高的诉讼需求。此外，高负债的企业更可能是处于成熟期的企业，具有较高的应纳税收益，也表明了高负债企业对会计稳健性具有较高的税收需求。

鉴于高负债企业对会计稳健性有更高的需求，本章将企业的负债水平（LE V）作为研究模型的一个控制变量加入，并将企业的负债水平定义为借款负债的水平，即样本企业的长期和短期借款占资产总额的比重。因为除借款负债之外的其他负债如应付账款、递延项目等负债并不能起到通常意义上的公司治理作用（汪辉，2003），这些负债的债权人对会计稳健性的需求相对于借款负债来说并不高。

③市场—账面价值比率（MB）。

具有较高市场—账面价值比率（MB）的企业具有较多的成长机会，成长机会与代理成本正相关（Smith and Watts，1992），会计稳健性是解释代理问题的一种有效的公司治理手段（Watts，2003），这表明市场—账面价值比率与会计稳健性之间是正相关的关系。具有较高的市场—账面价值比率的企业股票回报的波动性更大，因为这些公司市场价值的很大一部分是由于风险性的成长机会造成的。股票回报波动性大的企业存在更大的法律诉讼风险，这就表明对于具有较高的市场—账面价值比率的企业来说，其对会计稳健性的法律诉讼需求更大。

此外，由于对收益和损失不对称的可证实程度的要求，产生了对净资产相对于市场价值的持续低估。在稳健的会计政策下，当不能证实投资支出随后形成的资产会有正的价值时，就会将投资支出费用化，进一步加剧了对净资产的低估。这从另一个角度表明了会计稳健性和市场—账面价值比率之间的正向关系。

因此，我们也有必要控制市场—账面价值比率因素的影响，将市场—账面价值比率（MB）定义为样本企业的股权与债务的市场价值与总资产账面价值之比。

综合以上信息，各变量的定义和度量如表 4 - 2 所示。

表 4－2　　有关变量的定义和度量

变量	名称	变量符号	定义公式
被解释变量	应计项目	ACC	ACC＝Δ存货＋Δ应收债权＋Δ其他流动资产－Δ应付债务－Δ其他流动负债－折旧
解释变量	经营活动现金流量	CFO	CFO＝扣除非经常项目前的盈余－ACC
	经营活动现金流量是否为负	DCFO	若 CFO 小于 0，取值为 1，否则取值为 0
	是否是国有企业	SOE	若实际控制人类别是国有控股，取值为 1，否则取值为 0
	从国有银行取得贷款的比例	SOB	从国有银行取得贷款的金额/外部贷款的总额
	从国有政策性银行取得贷款的比例	SPB	从国有政策性银行取得贷款的金额/外部贷款的总额
	从国有商业性银行取得贷款的比例	SCB	从国有商业性银行取得贷款的金额/外部贷款的总额
控制变量	规模	SIZE	当期期末总资产的自然对数
	负债水平	LEV	期末长期、短期借款余额/期末总资产
	市场—账面价值比	MB	股权与债务的市场价值/总资产账面价值

4.3.4　研究的程序

（1）检验不同的企业所有权安排下的银企关系与企业的会计稳健性。

模型（4－4）将检验不同企业的所有权安排下的银企关系与企业会计稳健性的关系，具体来说，将检验最终控制人为国有企业的样本公司和最终控制人为非国有企业的样本公司其会计稳健性是否有所不同，贷款人对不同所有权安排的上市公司借款人的会计稳健性需求是否存在差异。

$$
\begin{aligned}
ACC_t = {} & \varphi_0 + \varphi_1 DCFO_t + \varphi_2 CFO_t + \varphi_3 DCFO_t \times CFO_t + \varphi_4 SOE_t \\
& + \varphi_5 SOE_t \times DCFO_t + \varphi_6 SOE_t \times CFO_t + \varphi_7 SOE_t \times DCFO_t \times CFO_t \\
& + \varphi_8 SIZE_t \times DCFO_t \times CFO_t + \varphi_9 LEV_t \times DCFO_t \times CFO_t \\
& + \varphi_{10} MB_t \times DCFO_t \times CFO_t + \varepsilon_t
\end{aligned} \tag{4-4}
$$

本章用模型（4－4）[①] 来检验假设 H4－1，在模型（4－4）中，根据 Dechow（1994），当期的应计和当期的经营活动现金流量负相关，因此 φ_2 预期为负。φ_3 代表了非国有控股企业的会计稳健性，$\varphi_3 + \varphi_7$ 代表国有控股企业的会计稳健性，如果国有控股企业的会计稳健性低于非国有控股企业的会计稳健性，那么 $\varphi_3 + \varphi_7 < \varphi_3$，$\varphi_7 < 0$，因此 φ_7 预期为负。

（2）检验不同的银行所有权安排下的银企关系与企业的会计稳健性。

模型（4－5）和模型（4－6）将检验不同银行的所有权安排下的银企关系与企业会计稳健性的关系，具体来说，将检验从国有银行取得贷款的样本公司与从非国有银行取得贷款的样本公司其会计稳健性是否有所不同，国有银行和非国有银行贷款人对借款人的会计稳健性需求是否存在差异。模型（4－6）将进一步检验政策性国有银行与商业性国有银行对借款人企业会计稳健性需求的差异性。

$$
\begin{aligned}
ACC_t = {} & \varphi_0 + \varphi_1 DCFO_t + \varphi_2 CFO_t + \varphi_3 DCFO_t \times CFO_t + \varphi_4 SOB_t \\
& + \varphi_5 SOB_t \times DCFO_t + \varphi_6 SOB_t \times CFO_t + \varphi_7 SOB_t \times DCFO_t \times CFO_t \\
& + \varphi_8 SIZE_t \times DCFO_t \times CFO_t + \varphi_9 LEV_t \times DCFO_t \times CFO_t \\
& + \varphi_{10} MB_t \times DCFO_t \times CFO_t + \varepsilon_t
\end{aligned} \tag{4-5}
$$

---

① 由于模型中涉及两个连续变量的交互，这可能潜在地造成了多重共线性问题，这种多重共线性可能会降低我们检验的解释能力，并有偏地拒绝零假设。经过检验我们发现两个连续变量的交互产生了大于 10 的方差膨胀因子，为了消除多重共线性的影响，我们借鉴了 Chen 等（2010）的解决办法，首先将交互的两个连续变量分别进行均值中心化（mean－center）处理，然后再交互它们，这样得到的结果与主检验得到的结果本质上保持一致。

$$
\begin{aligned}
ACC_t = {} & \varphi_0 + \varphi_1 DCFO_t + \varphi_2 CFO_t + \varphi_3 DCFO_t \times CFO_t + \varphi_4 SPB_t \\
& + \varphi_5 SPB_t \times DCFO_t + \varphi_6 SPB_t \times CFO_t + \varphi_7 SPB_t \times DCFO_t \times CFO_t \\
& + \varphi_8 SCB_t + \varphi_9 SCB_t \times DCFO_t + \varphi_{10} SCB_t \times CFO_t \\
& + \varphi_{11} SCB_t \times DCFO_t \times CFO_t + \varphi_{12} SIZE_t \times DCFO_t \times CFO_t \\
& + \varphi_{13} LEV_t \times DCFO_t \times CFO_t + \varphi_{14} MB_t \times DCFO_t \times CFO_t + \varepsilon_t
\end{aligned} \tag{4-6}
$$

模型（4－5）用来检验假设 H4－2a，在模型（4－5）中，我们重点关注 φ_7，如果假设 H4－2a 成立，从国有银行取得贷款比例越高，企业的会计信息越不稳健，那么 φ_7 预期为负。模型（4－6）用来检验假设 H4－2b，同样，在模型（4－6）中，如果政策性国有银行比商业国有银行要求较少的会计稳健性，假设 4－2b 成立，即与商业性国有银行相比，企业从政策性国有银行取得贷款的比例与会计稳健性的负相关关系更加明显，那么 φ_7 和 φ_{11} 的值均预期为负，并且预期 φ_7 显著小于 φ_{11}。

4.4 实证结果与分析

4.4.1 描述性统计分析

在表 4－3 的 Panel A 部分我们提供了全样本企业的描述性统计结果，应计项目的平均值和中位数分别是 0.108 和 0.037，经营活动现金流量的平均值和中位数分别是 －0.092 和 －0.015。变量 SOE（是否是国有企业）的均值是 0.613，说明国有企业占样本的 61.3%。从国有银行取得贷款的平均值是 0.901，说明样本企业绝大多数（90.1%）的银行贷款是由国有银行提供的，这与国有银行构成了我国银行业的主体情况是相符的。但这个比例低于 Chen 等（2010）的国有银行提供了 98.5% 的贷款的结果，原因可能在于样本期不同，

Chen 等（2010）是以 2001 ~ 2006 年为样本期间，而本章是以 2007 ~ 2009 年为样本期间，作为 Chen 等（2010）的样本期间的延续，我国非国有银行（包括外资银行）取得了快速的发展，可能导致上市公司的借款从国有银行向非国有银行发生部分转移。

表 4 - 3　　　　样本企业的描述性统计结果

Panel A：全样本的描述性统计分析结果

变量	样本量	均值	标准差	中位数	最小值	最大值
ACC	3986	0.108	0.437	0.037	-0.865	2.73
CFO	3986	-0.092	0.456	-0.015	-3.11	0.755
SOE	3986	0.613	0.487	1	0	1
SOB	1402	0.901	0.22	1	0	1
SPB	1402	0.031	0.092	0	0	0.492
SCB	1402	0.87	0.326	1	0	1
SIZE	3986	21.503	1.344	21.425	10.842	28.003
LEV	3986	0.243	0.602	0.204	0	25.7
MB	3986	2.83	2.392	2.133	0.829	16.464

Panel B：分样本的描述性统计分析结果

	国有企业			非国有企业			是否存在显著差异	
变量	均值	中位数	标准差	均值	中位数	标准差	Z 值	P 值
ACC	0.118	0.039	0.428	0.092	0.034	0.45	-1.799*	0.072
CFO	-0.101	-0.016	0.449	-0.078	-0.012	0.466	2.105**	0.035
SOB	0.883	1	0.242	0.926	1	0.181	2.442**	0.015
SPB	0.035	0	0.095	0.028	0	0.092	-1.575	0.115
SCB	0.848	0.987	0.331	0.898	1	0.316	1.617	0.106
SIZE	21.843	21.703	1.306	20.964	20.959	1.221	-21.547***	0.000
LEV	0.224	0.209	0.165	0.273	0.196	0.945	-3.006***	0.003
MB	2.464	1.925	1.898	3.407	2.466	2.919	13.756***	0.000
样本量	2443			1543				

注：* 表示在 10% 的水平上显著，** 表示在 5% 的水平上显著，*** 表示在 1% 的水平上显著。

此外，我国的国有银行有两类：国有政策性银行和国有商业银行，根据描述性统计分析的结果，样本企业3.1%的贷款是由国有政策性银行提供的，因此，国有商业银行仍然是我国上市公司银行借款的主要提供者（大约占87%）。进一步的统计分析显示，大约有34.33%的样本企业中仍然从非国有银行借款，这说明在我国，尽管非国有银行提供的贷款数量金额相对较小，但以客户数量衡量的非国有银行贷款市场仍然是必不可少的。同时我们也注意到，19.2%的样本企业是从国有政策性银行取得贷款，该比例与Chen等（2010）的20.1%的研究结果没有较大的不同，这表明尽管贷款的数量比较小，在我们的样本期内，国有政策性银行仍然向为数不少的企业提供了贷款。企业规模的均值为21.503，与Chen等（2010）的21.41的规模基本一致。负债水平的均值是0.243，稍低于Chen等（2010）的0.321的负债水平。市场—账面价值比的均值是2.83，同样稍低于Chen等（2010）的3.554的市场—账面价值比均值。对企业规模、负债水平、市场—账面价值比的描述性统计分析表明，平均来说，样本企业的财务健康状况是良好的。

表4-3的Panel B部分分别报告了国有企业和非国有企业的描述性统计结果。比较有趣的是，非国有企业从国有银行取得的贷款（92.6%）比国有企业从国有银行取得的贷款（88.3%）多，并且非国有企业从国有商业性银行取得的贷款（89.8%）比国有企业从国有商业性银行取得的贷款（84.8%）多，然而这并不表明国有银行比较偏爱非国有企业。实际上，在中国，对非国有部门的信贷歧视得到了许多学者的认可和验证，如江伟和李斌（2006）、胡奕明和谢诗蕾（2005）。与国有企业相比，非国有企业从国有政策性银行取得了更小比例的借款（2.8% vs. 3.5%），它们的更多借款是从国有商业银行取得的。与非国有企业相比，国有企业的规模更大（21.843 vs. 20.959），负债水平更低（0.224 vs. 0.273），因此国有企业的财务风险比非国有企业要低。

我们在表 4 - 3 Panel B 的第三栏又对国有企业组和非国有企业组进行了曼—怀氏（Mann - Whitney）z 检验，检验国有企业组和非国有企业组的各变量值是否存在显著差异。检验结果表明，除了从国有政策性银行取得贷款的比例（SPB）和从国有商业性银行取得贷款的比例（SCB）之外，国有企业和非国有企业的应计项目（z = -1.799）、经营活动现金流量（z = 2.105）、从国有银行取得贷款的比例（z = 2.442）、企业规模（z = -21.547）、负债水平（z = -3.006）和市场—账面价值比率（z = 13.756）均存在较显著的差异。

4.4.2 假设 H4 -1 的实证结果与分析

在表 4 - 4 中我们列示了假设 H4 - 1 的主要检验结果，其中，Panel A 是全样本的回归分析结果，Panel B 是分样本的回归分析结果。在全样本的回归分析中我们总共使用了三个模型进行检验，模型 1 是 Ball and Shivakumar (2005, 2006) 的基本的应计现金流模型，模型 2 是在模型 1 的基础上加入是否是国有企业哑变量的模型，用来检验借款人的国有所有权对会计稳健性的影响，模型 3 是在模型 2 的基础上加入了企业规模、负债水平和市场—账面价值比率三个控制变量之后的模型。

表 4 - 4 企业所有权与会计稳健性的实证检验结果

Panel A：全样本的回归分析结果

变量（系数）	预期符号	模型 1		模型 2		模型 3	
		系数	T 值	系数	T 值	系数	T 值
INTERCEPT（φ_0）	?	0.032	9.8 ***	0.034	6.44 ***	0.033	6.41 ***
DCFO（φ_1）	?	0.003	0.61	0.015	2.27 **	0.015	2.3 **
CFO（φ_2）	-	-1.04	-71.02 ***	-1.067	-53.84 ***	-1.063	-53.86 ***
DCFO × CFO（φ_3）	+	0.13	8.49 ***	0.193	9.24 ***	0.184	8.84 ***
SOE（φ_4）	?			-0.005	0.76	-0.005	-0.7
SOE × DCFO（φ_5）	?			-0.023	-2.49 **	-0.021	-2.38 **

续表

Panel A：全样本的回归分析结果							
变量（系数）	预期符号	模型 1		模型 2		模型 3	
		系数	T 值	系数	T 值	系数	T 值
SOE × CFO（φ_6）	?			0.077	2.25**	0.077	2.28**
SOE × DCFO × CFO（φ_7）	-			-0.161	-4.48***	-0.15	-4.19***
SIZE × DCFO × CFO（φ_8）	-					-0.0001	-2.21**
LEV × DCFO × CFO（φ_9）	+					0.013	9.58***
MB × DCFO × CFO（φ_{10}）	+					-0.002	-1.46

Panel B：分样本的回归分析结果					
变量（系数）	预期符号	国有企业		非国有企业	
		系数	T 值	系数	T 值
INTERCEPT（φ_0）	?	0.032	7.92***	0.03	5.1***
DCFO（φ_1）	?	-0.0005	-0.1	0.011	1.46
CFO（φ_2）	-	-1.017	-50.9***	-1.054	-46.59***
DCFO × CFO（φ_3）	+	0.099	4.8***	0.156	6.55***

注：* 表示在 10% 的水平上显著，** 表示在 5% 的水平上显著，*** 表示在 1% 的水平上显著。

模型 1：$ACC_t = \varphi_0 + \varphi_1 DCFO_t + \varphi_2 CFO_t + \varphi_3 DCFO_t \times CFO_t$

模型 2：$ACC_t = \varphi_0 + \varphi_1 DCFO_t + \varphi_2 CFO_t + \varphi_3 DCFO_t \times CFO_t + \varphi_4 SOE_t + \varphi_5 SOE_t \times DCFO_t + \varphi_6 SOE_t \times CFO_t + \varphi_7 SOE_t \times DCFO_t \times CFO_t$

模型 3：$ACC_t = \varphi_0 + \varphi_1 DCFO_t + \varphi_2 CFO_t + \varphi_3 DCFO_t \times CFO_t + \varphi_4 SOE_t + \varphi_5 SOE_t \times DCFO_t + \varphi_6 SOE_t \times CFO_t + \varphi_7 SOE_t \times DCFO_t \times CFO_t + \varphi_8 SIZE_t \times DCFO_t \times CFO_t + \varphi_9 LEV_t \times DCFO_t \times CFO_t + \varphi_{10} MB_t \times DCFO_t \times CFO_t + \varepsilon_t$

从模型 1 的回归结果来看，经营活动现金流量 CFO 的系数显著为负（$\varphi_2 = -1.04$，$t = -71.02$），这个结果与应计能够缓和经营活动现金流的噪音是一致的。DCFO × CFO 的系数显著为正（$\varphi_3 = 0.13$，$t = 8.49$），表明当现金流为负时，应计和现金流之间的负向关系有所缓和。总的来说，这种结果同时表明，在我们的样本中，企业通过应计确认未实现损失比确认未实现收益更为及时，即样本企业均存在会计稳健性。从模型 2 的回归结果来看，CFO 的系数仍然显著为负（$\varphi_2 = -1.07$，$t = -53.84$），DCFO × CFO 的系数仍然显著为正（$\varphi_3 = 0.19$，$t = 9.24$），SOE × DCFO × CFO 的系数显著为负（$\varphi_7 = -0.161$，$t = -4.48$），说明在国有企业和非国有企业的会计稳健性之间存在显著的差异。如果用数字表示，非国有企业的会计稳健性为 0.193，国有企业的会计稳健性为 0.032（0.193 - 0.161），非国有企业的会计稳健性更高一些。

为了控制已有研究中发现的影响会计稳健性的其他因素，我们在模型 2 中又加入了企业规模、负债水平和市场—账面价值比率这三个变量与 DCFO × CFO 的交互项，来控制这些因素的影响。结果发现，加入这三个控制变量之后，CFO 的系数仍然显著为负（$\varphi_2 = -1.06$，$t = -53.86$），DCFO × CFO 的系数仍然显著为正（$\varphi_3 = 0.18$，$t = 8.84$），SOE × DCFO × CFO 的系数仍然显著为负（$\varphi_7 = -0.15$，$t = -4.19$），企业规模与会计稳健性呈反向关系（$\varphi_8 = -0.0001$，$t = -2.21$），负债水平与会计稳健性呈正向关系（$\varphi_9 = 0.013$，$t = 9.58$），而市场—账面价值比率与会计稳健性之间没有显著的关系。

为了进一步检验企业的国有所有权安排与会计稳健性的关系，我们又将样本分为国有企业和非国有企业分别进行了分样本检验，检验结果报告在表 4 - 4 Panel B 中。在国有企业样本组和非国有企业样本组中，检验结果均呈现出会计稳健性，即两组样本的 DCFO × CFO 交互项系数 φ_3 均显著为正，然而对于国有企业样本组，$\varphi_3 = 0.099$，$t = 4.8$，而对于非国有企业样本组，$\varphi_3 = 0.156$，$t = 6.55$，非国有企业的会计稳健性明显高于国有企业的会计稳健性。

总之，使用 Ball 和 Shivakumar（2005，2006）的应计现金流模型，我们发现了强有力的证据支持假设 H4－1，国有企业的财务会计稳健性程度比非国有企业要低。

4.4.3 假设 H4－2 的实证结果与分析

在表 4－5 中我们列示了假设 H4－2 的主要检验结果，其中，Panel A 是假设 H4－2a 的回归分析结果，我们使用的模型是模型Ⅱ；Panel B 是假设 H4－2b 的回归分析结果，我们使用的模型是模型Ⅲ。

表 4－5　　银行所有权与会计稳健性的实证检验结果

Panel A：假设 H4－2a 的回归分析结果（用模型Ⅱ检验）

变量（系数）	预期符号	无控制变量		加控制变量	
		系数	T 值	系数	T 值
INTERCEPT（φ_0）	?	0.056	1.69*	0.076	2.5**
DCFO（φ_1）	?	0.093	1.95*	－0.037	－0.78
CFO（φ_2）	－	－1.053	－24.37***	－1.2	－26.77***
DCFO×CFO（φ_3）	+	0.071	1.65*	0.254	5.58***
SOB（φ_4）	?	－0.021	－0.58	－0.058	－1.8*
SOB×DCFO（φ_5）	?	0.008	0.74	0.084	2.43**
SOB×CFO（φ_6）	?	－0.056	－3.49***	－0.211	－5.87***
SOB×DCFO×CFO（φ_7）	－	－0.132	－2.46**	－0.068	－1.73***
SIZE×DCFO×CFO（φ_8）	－			－0.024	－10.59***
LEV×DCFO×CFO（φ_9）	+			0.734	6.79***
MB×DCFO×CFO（φ_{10}）	+			－0.01	－2.88**

Panel B：假设 H4－2b 的回归分析结果（用模型Ⅲ检验）

变量（系数）	预期符号	无控制变量		加控制变量	
		系数	T 值	系数	T 值
INTERCEPT（φ_0）	?	0.059	3.3***	0.056	3.2***
DCFO（φ_1）	?	0.003	0.23	－0.002	－0.03
CFO（φ_2）	－	－1.06	－10.02***	－1.043	－10.06***

续表

Panel B：假设 H4－2b 的回归分析结果（用模型Ⅲ检验）					
变量（系数）	预期符号	无控制变量		加控制变量	
		系数	T 值	系数	T 值
DCFO × CFO（φ_3）	+	0.167	1.84 *	0.091	1.82 *
SPB（φ_4）	?	－0.077	－2.38 **	－0.073	－2.32 **
SPB × DCFO（φ_5）	?	0.089	2.57 ***	0.099	2.9 ***
SPB × CFO（φ_6）	?	0.663	3.66 ***	0.64	3.6 ***
SPB × DCFO × CFO（φ_7）	－	－0.661	－3.66 ***	－0.563	－3.11 ***
SCB（φ_8）		－0.031	－1.64	－0.029	－1.55
SCB × DCFO（φ_9）		－0.001	－0.16	0.002	0.34
SCB × CFO（φ_{10}）		0.011	0.09	0.002	0.02
SCB × DCFO × CFO（φ_{11}）		－0.45	－3.6 ***	－0.47	－2.97 ***
SIZE × DCFO × CFO（φ_{12}）	－			－0.005	－3.24 ***
LEV × DCFO × CFO（φ_{13}）	+			0.18	5.49 ***
MB × DCFO × CFO（φ_{14}）	+			0.09	2.84 ***

注：* 表示在 10% 的水平上显著，** 表示在 5% 的水平上显著，*** 表示在 1% 的水平上显著。

模型Ⅱ：
$$ACC_t = \varphi_0 + \varphi_1 DCFO_t + \varphi_2 CFO_t + \varphi_3 DCFO_t \times CFO_t + \varphi_4 SOB_t + \varphi_5 SOB_t \times DCFO_t + \varphi_6 SOB_t \times CFO_t + \varphi_7 SOB_t \times DCFO_t \times CFO_t + \varphi_8 SIZE_t \times DCFO_t \times CFO_t + \varphi_9 LEV_t \times DCFO_t \times CFO_t + \varphi_{10} MB_t \times DCFO_t \times CFO_t + \varepsilon_t$$

模型Ⅲ：
$$ACC_t = \varphi_0 + \varphi_1 DCFO_t + \varphi_2 CFO_t + \varphi_3 DCFO_t \times CFO_t + \varphi_4 SPB_t + \varphi_5 SPB_t \times DCFO_t + \varphi_6 SPB_t \times CFO_t + \varphi_7 SPB_t \times DCFO_t \times CFO_t + \varphi_8 SCB_t + \varphi_9 SCB_t \times DCFO_t + \varphi_{10} SCB_t \times CFO_t + \varphi_{11} SCB_t \times DCFO_t \times CFO_t + \varphi_{12} SIZE_t \times DCFO_t \times CFO_t + \varphi_{13} LEV_t \times DCFO_t \times CFO_t + \varphi_{14} MB_t \times DCFO_t \times CFO_t + \varepsilon_t$$

我们先看 Panel A 中假设 H4－2a 的回归分析结果。在无控制变量的模型中，经营活动现金流量 CFO 的系数显著为负（$\varphi_2=-1.053$，$t=-24.37$），这个结果与应计能够缓和经营活动现金流的噪音是一致的。DCFO × CFO 的系数显著为正（$\varphi_3=0.071$，$t=1.65$），表明当现金流为负时，应计和现金流之间的负向关系有所缓和，企业通过应计确认未实现损失比确认未实现收益更为及时，即样本企业存在会计稳健性。SOB × DCFO × CFO 的系数显著为负（$\varphi_7=-0.132$，$t=-2.46$），说明从国有银行取得贷款的比例越高，企业通过应计确认未实现损失比确认未实现收益更为及时的程度更低一些，即表明企业的会计稳健性程度更差一些，从国有银行借款降低了企业的会计稳健性，假设 H4－2a 得以验证。当我们在模型中加入控制变量之后，经营活动现金流量 CFO 的系数仍然显著为负（$\varphi_2=-1.2$，$t=-26.77$），DCFO × CFO 的系数仍然显著为正（$\varphi_3=0.254$，$t=5.58$），SOB × DCFO × CFO 的系数仍然显著为负（$\varphi_7=-0.068$，$t=-1.73$），即从国有银行取得较多的贷款降低了企业的会计稳健性。企业规模与会计稳健性呈反向关系（$\varphi_8=-0.024$，$t=-10.59$），负债水平与会计稳健性呈正向关系（$\varphi_9=0.734$，$t=6.79$），而市场—账面价值比率与会计稳健性之间却呈现出显著的负向关系（$\varphi_{10}=-0.01$，$t=-2.88$）。

我们再来看假设 H4－2b 的回归分析结果。在无控制变量的模型中，经营活动现金流量 CFO 的系数显著为负（$\varphi_2=-1.06$，$t=-10.02$），这个结果与应计能够缓和经营活动现金流的噪音是一致的。DCFO × CFO 的系数显著为正（$\varphi_3=0.167$，$t=1.84$），表明当现金流为负时，应计和现金流之间的负向关系有所缓和，企业通过应计确认未实现损失比确认未实现收益更为及时，即样本企业存在会计稳健性。SPB × DCFO × CFO 的系数显著为负（$\varphi_7=-0.661$，$t=-3.66$），SCB × DCFO × CFO 的系数也是显著为负（$\varphi_{11}=-0.45$，$t=-3.6$），并且 SPB × DCFO × CFO 的系数显著小于 SCB × DCFO × CFO 的系数，说明与商业性国有银行相比，企业从政策性国有银行取得贷款的比例与会计稳健性的负相关关系更加明显，国有政策性银行比国有商业性银行对会计稳健性有更低的需求，假设 H4－2b 得以验证。当我们在模型中加入控制变量之后，经营活动现金流量 CFO 的系数仍然显著为负（φ_2 = －1.043，t = －10.06），DCFO × CFO 的系数仍然显著为正（φ_3 = 0.091，t = 1.82），SPB × DCFO × CFO 的系数仍然显著为负（φ_7 = －0.563，t = －3.11），SCB × DCFO × CFO 的系数也是显著为负（φ_{11} = －0.47，t = －2.97），SPB × DCFO × CFO 的系数显著小于 SCB × DCFO × CFO 的系数，即与预期的一致，国有政策性银行比国有商业性银行对会计稳健性有更低的需求。此外，控制变量企业规模与会计稳健性呈反向关系（φ_8 = －0.005，t = －3.31），负债水平与会计稳健性呈正向关系（φ_9 = 0.178，t = 5.51），而市场—账面价值比率与会计稳健性之间却又呈现出显著的正向关系（φ_{10} = 0.087，t = 2.89）。

总之，使用 Ball 和 Shivakumar（2005，2006）的应计现金流模型，我们发现了强有力的证据支持假设 H4－2a 和假设 H4－2b，从国有银行取得贷款比例越高，企业的会计信息越不稳健。与商业性国有银行相比，企业从政策性国有银行取得贷款的比例与会计稳健性的负相关关系更加明显。

4.4.4　稳健性检验

（1）对应计项目采用其他度量方式。

学术研究中根据计算口径的不同将应计利润分为三类：总应计利润（total accruals，TACC）、经营性应计利润（operating accruals，OACC）和流动性应计利润（current accruals，CACC）。Ball 和 Shivakumar（2005，2006）的应计现金流模型使用的是总应计利润作为应计项目的度量，虽然学术界也有使用经营性应计利润代替应计项目来度量会计稳健性，但得到的结论却与其他稳健性度量方式的结论不相符，如毛新述（2007）使用经营性应计利润代替应计项目，虽然结论表明应计能够消除现金流中的噪音，然而交互变量 DCFO × CFO 的系数却显著为负，与盈余稳健性的预测并不一致，据此认为使用经营性应计的应计利润模型未能捕捉到我国上市公司的盈余稳健性。因此，本章不打算用经营性应计利润和流动性应计利润代替应计项目来进行稳健性测试，而是采用其他方式下计算的总应计利润代替应计项目进行稳健性检验。

在前面的主测试中我们计算总应计利润使用的方法是资产负债表法，并且该方法只是资产负债表法中的一种，在这一部分我们将使用其他资产负债表法和现金流量表法来计算总应计利润。

①其他资产负债表法。

Ball 和 Shivakumar（2005，2006）使用了另一种资产负债表法来计算总应计利润，他们计算总应计利润的公式如下：

$$ACC_t = \Delta 存货 + \Delta 应收债权 + \Delta 其他流动资产 - \Delta 应付债务 - \Delta 其他流动负债 - 折旧 \quad (4-7)$$

其中，Δ 存货指当期存货余额的变动，Δ 存货 = 当期期末存货余额 - 当期期初存货余额。Δ 应收债权指当期应收债权余额的变动，应收债权主要指企业的应收账款、应收票据、其他应收款、应收利息、应收股利，Δ 应收债权 = 当期期末应收债权 - 当期期初应收债权。Δ 其他流动资产是指除了存货和当期应收债权之外的其他流动资产的当期变动金额，Δ 其他流动资产 = 当期期末其他流动资产 - 当期期初其他流动资产。Δ 应付债务是指当期应付债务的变化，这里的应付债务主要指企业的短期借款、应付票据、应付账款、预收款项、应付职工薪酬、应缴税费、应付利息、应付股利、其他应付款，Δ 应付债务 = 当期期末应付债务 - 当期期初应付债务。Δ 其他流动负债是指除了应付债务之外的其他流动负债的变化金额。最后，折旧是根据上市公司采用间接法编制的现金流量表中的“固定资产折旧、油气资产折耗、生产性生物资产折旧”项目的当期金额确定的。

使用这种方法计算的总应计利润替代应计—现金流模型中的应计项目，利用 Ball 和 Shivakumar（2005，2006）的模型对本章的三个假设进行检验的结果列示在表 4－6 中。

表 4－6　　使用其他资产负债表法计算应计的实证检验结果

Panel A：企业所有权与会计稳健性关系的回归分析结果（用模型 I 检验）

变量（系数）	预期符号	无控制变量		加控制变量	
		系数	T 值	系数	T 值
INTERCEPT（φ_0）	?	0.029	6.26***	0.028	6.06***
DCFO（φ_1）	?	－0.015	－2.27**	－0.013	－2.01**
CFO（φ_2）	－	－1.063	－74.39***	－1.058	－73.25***
DCFO×CFO（φ_3）	+	0.039	2.84***	0.036	2.64***
SOE（φ_4）	?	0.006	1.11	0.007	1.42
SOE×DCFO（φ_5）	?	－0.009	－1.08	－0.011	－1.41
SOE×CFO（φ_6）	?	0.039	2.84***	－0.009	－0.8
SOE×DCFO×CFO（φ_7）	－	－0.003	－3***	－0.001	－0.8
SIZE×DCFO×CFO（φ_8）	－			0.0001	1.17
LEV×DCFO×CFO（φ_9）	+			－0.000	－1.56
MB×DCFO×CFO（φ_{10}）	+			－0.004	－1.08

Panel B：银行所有权与会计稳健性关系的回归分析结果（用模型 II 检验）

变量（系数）	预期符号	无控制变量		加控制变量	
		系数	T 值	系数	T 值
INTERCEPT（φ_0）	?	0.083	4.34***	0.075	4.02***
DCFO（φ_1）	?	－0.04	－1.82*	－0.018	－0.81
CFO（φ_2）	－	－1.206	－18.7***	－1.143	－17.63***
DCFO×CFO（φ_3）	+	0.162	2.72***	0.19	3.19***
SOB（φ_4）	?	－0.05	－2.62***	－0.042	－2.18**
SOB×DCFO（φ_5）	?	0.019	0.88	－0.003	－0.13
SOB×CFO（φ_6）	?	0.174	2.77***	0.102	1.6
SOB×DCFO×CFO（φ_7）	－	－0.155	－3.19***	－0.161	－3.18***
SIZE×DCFO×CFO（φ_8）	－			－0.003	－4.1***
LEV×DCFO×CFO（φ_9）	+			0.085	7.42***
MB×DCFO×CFO（φ_{10}）	+			0.003	0.21

续表

Panel C：银行所有权与会计稳健性关系的回归分析结果（用模型Ⅲ检验）					
变量（系数）	预期符号	无控制变量		加控制变量	
		系数	T 值	系数	T 值
INTERCEPT（φ_0）	?	0.079	3.82***	0.075	3.76***
DCFO（φ_1）	?	-0.036	-1.73*	-0.01	-0.5
CFO（φ_2）	-	-1.191	-13.95***	-1.178	-14.2***
DCFO×CFO（φ_3）	+	0.3	1.5	0.248	2.87***
SPB（φ_4）	?	-0.019	-0.58	-0.019	-0.61
SPB×DCFO（φ_5）	?	-0.002	-0.06	-0.032	-0.81
SPB×CFO（φ_6）	?	0.234	1.23	0.255	1.38
SPB×DCFO×CFO（φ_7）	-	-0.201	-1.14	-0.35	-2.05**
SCB（φ_8）		-0.054	-2.41**	-0.049	-2.26**
SCB×DCFO（φ_9）		0.016	0.76	-0.01	-0.49
SCB×CFO（φ_{10}）		0.17	1.72*	0.152	1.59
SCB×DCFO×CFO（φ_{11}）		-0.147	-1.51	-0.245	-2.58***
SIZE×DCFO×CFO（φ_{12}）	-			-0.005	-5.52***
LEV×DCFO×CFO（φ_{13}）	+			0.092	7.62***
MB×DCFO×CFO（φ_{14}）	+			0.036	2.33**

注：*表示在10%的水平上显著，**表示在5%的水平上显著，***表示在1%的水平上显著。

模型Ⅰ：
$$ACC_t = \varphi_0 + \varphi_1 DCFO_t + \varphi_2 CFO_t + \varphi_3 DCFO_t \times CFO_t + \varphi_4 SOE_t + \varphi_5 SOE_t \times DCFO_t + \varphi_6 SOE_t \times CFO_t + \varphi_7 SOE_t \times DCFO_t \times CFO_t + \varphi_8 SIZE_t \times DCFO_t \times CFO_t + \varphi_9 LEV_t \times DCFO_t \times CFO_t + \varphi_{10} MB_t \times DCFO_t \times CFO_t + \varepsilon_t$$

模型Ⅱ：
$$ACC_t = \varphi_0 + \varphi_1 DCFO_t + \varphi_2 CFO_t + \varphi_3 DCFO_t \times CFO_t + \varphi_4 SOB_t + \varphi_5 SOB_t \times DCFO_t + \varphi_6 SOB_t \times CFO_t + \varphi_7 SOB_t \times DCFO_t \times CFO_t + \varphi_8 SIZE_t \times DCFO_t \times CFO_t + \varphi_9 LEV_t \times DCFO_t \times CFO_t + \varphi_{10} MB_t \times DCFO_t \times CFO_t + \varepsilon_t$$

模型Ⅲ：$ACC_t = \varphi_0 + \varphi_1 DCFO_t + \varphi_2 CFO_t + \varphi_3 DCFO_t \times CFO_t + \varphi_4 SPB_t + \varphi_5 SPB_t \times DCFO_t + \varphi_6 SPB_t \times CFO_t + \varphi_7 SPB_t \times DCFO_t \times CFO_t + \varphi_8 SCB_t + \varphi_9 SCB_t \times DCFO_t + \varphi_{10} SCB_t \times CFO_t + \varphi_{11} SCB_t \times DCFO_t \times CFO_t + \varphi_{12} SIZE_t \times DCFO_t \times CFO_t + \varphi_{13} LEV_t \times DCFO_t \times CFO_t + \varphi_{14} MB_t \times DCFO_t \times CFO_t + \varepsilon_t$

表 4-6 报告了使用其他资产负债表法计算的总应计利润替代应计—现金流模型中的应计项目，对本章的三个假设进行稳健性检验的结果。其中，Panel A 是利用模型Ⅰ对假设 H4-1 进行检验的回归分析结果，Panel B 是利用模型Ⅱ对假设 H4-2a 进行检验的回归分析结果，Panel C 是利用模型Ⅲ对假设 H4-2b 进行检验的回归分析结果。对于假设 H4-1，检验结果表明，不管是否加入控制变量，经营活动现金流量的系数均显著为负，交互变量 DCFO×CFO 的系数均显著为正，这与前面主检验的结果一致，即证明了会计稳健性的存在。SOE×DCFO×CFO 的系数在加入控制变量前显著为负，说明国有企业的会计稳健性程度不如非国有企业的会计稳健性，而加入控制变量后变得不显著了，说明使用该方法计算应计项目的检验结果并不是很稳定。对于假设 H4-2a，检验结果表明，加入控制变量前后经营活动现金流量的系数均显著为负，交互变量 DCFO×CFO 的系数均显著为正，这与前面主检验的结果一致，即证明了会计稳健性的存在。SOB×DCFO×CFO 的系数不管是否加入控制变量均显著为负，说明从国有银行取得贷款降低了企业的会计稳健性，国有银行对会计稳健性有较低的需求，该结果是稳定的。对于假设 H4-2b，检验结果表明，经营活动现金流量的系数显著为负得到了验证，交互变量 DCFO×CFO 的系数显著为正在加入控制变量之后也得到了验证。在有控制变量的模型中，SPB×DCFO×CFO 和 SCB×DCFO×CFO 的系数均显著为负，并且 SPB×DCFO×CFO 的系数（-0.35）显著小于 SCB×DCFO×CFO 的系数（-0.245），这就证明了假设 H4-2b，相对于

国有商业银行，国有政策性银行对企业的会计稳健性有更小的需求。

总之，使用其他资产负债表法计算的应计项目来检验本章的三个假设，稳健性检验的结果与前面主检验得出的结论基本是一致的。

②现金流量表法。

使用现金流量表法是指用利润项目减去现金流量项目来得到应计项目的方法。公式可以表示为：

$$\text{应计项目} = \text{净利润} - \text{经营活动、筹资活动和投资活动现金流量之和} \tag{4-8}$$

陈信元和夏立军（2006）等都使用过该方法来计算应计项目。毛新述（2007）认为该方法没有剔除与所有者权益变化有关（与盈余变化无关）的现金流入和现金流出，因此根据前述公式计算的应计存在较大的误差。本章使用该方法计算的应计项目检验了一下应计—现金流量模型，与毛新述（2007）的结论一致，发现使用该方法计算的应计利润模型未能捕捉到我国上市公司的盈余稳健性。

（2）使用其他稳健性计量模型。

在这一部分，我们使用会计稳健性的其他两种度量方法检验了我们结果的可靠程度。第一种度量方法是 Basu（1997）的盈余—股价回报关系计量模型，这种稳健性度量方法在会计研究中被广泛采用。他把稳健性定义为会计师在编制财务报表时，确认好消息比确认坏消息需要更高程度的证实标准，也就是说，盈余反映“坏消息”比反映“好消息”要更加迅速。根据 Basu 的定义，盈余对负面消息比对正面消息具有更高的敏感性，这就是稳健性的证据。我们使用下列模型评价了我们得出的上述结论是否可靠。

$$E_t/P_{t-1} = \lambda_0 + \lambda_1 DR_t + \lambda_2 R_t + \lambda_3 DR_t \times R_t + \lambda_4 SOE_t + \lambda_5 SOE_t \times DR_t + \lambda_6 SOE_t \times R_t + \lambda_7 SOE_t \times DR_t \times R_t + \varepsilon_t \tag{4-9}$$

$$E_t/P_{t-1} = \lambda_0 + \lambda_1 DR_t + \lambda_2 R_t + \lambda_3 DR_t \times R_t + \lambda_4 SOB_t + \lambda_5 SOB_t \times DR_t + \lambda_6 SOB_t \times R_t + \lambda_7 SOB_t \times DR_t \times R_t + \varepsilon_t \tag{4-10}$$

$$E_t/P_{t-1} = \lambda_0 + \lambda_1 DR_t + \lambda_2 R_t + \lambda_3 DR_t \times R_t + \lambda_4 SPB_t + \lambda_5 SPB_t \times DR_t + \lambda_6 SPB_t \times R_t + \lambda_7 SPB_t \times DR_t \times R_t + \lambda_8 SCB_t + \lambda_9 SCB_t \times DR_t + \lambda_{10} SCB_t \times R_t + \lambda_{11} SCB_t \times DR_t \times R_t + \varepsilon_t \quad (4-11)$$

在上述模型中，E_t代表样本企业的每股收益，P_{t-1}代表样本企业上期期末的股票的每股价格。R_t代表从上年 5 月到第二年 4 月共 12 个月股票的买入—持有收益，DR_t是哑变量，如果 R_t为负则 $DR_t=1$，否则 $DR_t=0$。模型（4－9）、模型（4－10）、模型（4－11）分别用来检验假设 H4－1、假设 H4－2a 和假设 H4－2b 的。由于篇幅的限制，使用这几个模型的回归结果没有列示在本章中，得出的结果基本上支持了前述假设的论断。

我们进行稳健性检验所使用的第二种度量会计稳健性的方法是检查盈余变化的时间序列特征。具体来说，这种会计稳健性度量是将经济收益和经济损失的及时确认定义为增加和减少盈余反转的倾向（Basu，1997；Ball and Shivakumar，2005）。从时间序列的观点来看，稳健性表明，包含在当期盈余中的坏消息是盈余序列中暂时性的因素，相比而言，好消息则是盈余序列中持续性的因素，因为好消息的影响总会延续到未来的盈余中去。

我们用下列回归来调查稳健性对盈余时间序列的影响，并加入国有和非国有企业、从国有银行取得贷款的比例等的变量。

$$\Delta NI_t = \mu_0 + \mu_1 D\Delta NI_{t-1} + \mu_2 \Delta NI_{t-1} + \mu_3 D\Delta NI_{t-1} \times \Delta NI_{t-1} + \mu_4 SOE_t + \mu_5 SOE_t \times D\Delta NI_{t-1} + \mu_6 SOE_t \times \Delta NI_{t-1} + \mu_7 SOE_t \times D\Delta NI_{t-1} \times \Delta NI_{t-1} + \varepsilon_t \quad (4-12)$$

$$\Delta NI_t = \mu_0 + \mu_1 D\Delta NI_{t-1} + \mu_2 \Delta NI_{t-1} + \mu_3 D\Delta NI_{t-1} \times \Delta NI_{t-1} + \mu_4 SOB_t + \mu_5 SOB_t \times D\Delta NI_{t-1} + \mu_6 SOB_t \times \Delta NI_{t-1} + \mu_7 SOB_t \times D\Delta NI_{t-1} \times \Delta NI_{t-1} + \varepsilon_t \quad (4-13)$$

$$\Delta NI_t = \mu_0 + \mu_1 D\Delta NI_{t-1} + \mu_2 \Delta NI_{t-1} + \mu_3 D\Delta NI_{t-1} \times \Delta NI_{t-1} + \mu_4 SPB_t + \mu_5 SPB_t \times D\Delta NI_{t-1} + \mu_6 SPB_t \times \Delta NI_{t-1}$$

$$+\mu_7 SPB_t \times D\Delta NI_{t-1} \times \Delta NI_{t-1} + \mu_8 SCB_t + \mu_9 SCB_t \times D\Delta NI_{t-1} + \mu_{10} SCB_t \times \Delta NI_{t-1} + \mu_{11} SCB_t \times D\Delta NI_{t-1} \times \Delta NI_{t-1} + \varepsilon_t \quad (4-14)$$

在前述模型中的 ΔNI_t 代表样本企业第 t－1 期到第 t 期收益的变化，除以当期期初的总资产进行标准化，ΔNI_{t-1}代表样本企业第 t－2 期到第 t－1 期收益的变化，除以当期期初的总资产进行标准化，$D\Delta NI_{t-1}$是哑变量，当 ΔNI_{t-1}小于0 时 $D\Delta NI_{t-1}=1$，否则 $D\Delta NI_{t-1}=0$。如果经济收益确认得不及时，即经济收益直到能够带来现金流量的增加时才予以确认，经济收益可以被看作是会计收益中“持续的”正的组成部分，这部分收益不会反转，那么 $\mu_2=0$。相反，如果经济收益确认得及时，表明这部分收益被看作是会计收益的“暂时性的”增加，在未来期间会反转，那么 $\mu_2<0$。同样，经济损失的及时确认表明其可以被看作是会计收益的“暂时性的”减少，因此会反转，那么 $\mu_2+\mu_3<0$。如果会计稳健性存在，经济损失比经济收益确认得更加及时是成立的，那么 $\mu_2+\mu_3<\mu_2$，$\mu_3<0$。

在本章中，我们关注的是 μ_7 和 μ_{11}。模型（4－12）中的 μ_7 代表国有企业和非国有企业之间会计稳健性对盈余时间序列影响的差异，模型（4－13）中的 μ_7 代表国有银行和非国有银行之间会计稳健性对盈余时间序列影响的差异，模型（4－14）中的 μ_7 和 μ_{11}分别代表国有政策性银行企业和国有商业性银行对盈余时间序列的影响。因此如果假设成立，μ_7 和 μ_{11}均预期为正，并且预期 $\mu_7>\mu_{11}$。模型（4－12）、模型（4－13）、模型（4－14）分别用来检验假设 H4－1、假设 H4－2a 和假设 H4－2b 的。由于篇幅的限制，使用这几个模型的回归结果没有列示在本章中，得出的结果基本上支持了前述假设的论断。

总之，我们前述稳健性检验的结果表明，不管是对应计项目采用其他的方式来度量，还是采用不同的会计稳健性的计量模型，我们主要假设的检验结果均是可靠的。

4.5　本章小结

本章研究了基于产权安排的银企关系与会计稳健性的关系。在进行研究设计之前，本章提出了债务契约与会计稳健性之间关系成立的两个前提，在对借贷双方的所有权安排与会计稳健性进行分析的基础上提出了三个研究假设并进行了验证。实证分析发现，与已有的研究结论一致，应计项目确实能够缓和经营活动现金流量的噪音，也发现了稳健性在我国上市公司中存在的证据，即企业通过应计确认未实现损失比确认未实现收益更为及时。与假设一致，研究发现国有企业和非国有企业的会计稳健性之间存在显著的差异，非国有企业的会计信息比国有企业更稳健，加入控制变量之后得出的结果和进行分样本检验的结果是一致的。研究还发现，从国有银行取得贷款的比例越高，企业的会计信息越不稳健，从国有银行借款降低了企业的会计稳健性。进一步的研究发现，国有政策性银行比国有商业性银行对会计稳健性有更低的需求，表现在与商业性国有银行相比，企业从政策性国有银行取得贷款的比例与会计稳健性的负相关关系更加明显，加入控制变量之后和用其他模型进行检验的结果均支持了同样的研究结果。

银企关系、债务治理
与借款公司的
会计稳健性
Chapter 5

第5章 基于长期借贷的银企关系与借款公司的会计稳健性

5.1 引　言

在银行与企业的借贷交易中，企业通过一种或者多种渠道建立与银行的亲密关系而达到增加贷款数额或者降低贷款价格等某一目的时，就形成了关系（国外文献中称作 relationship），如企业与银行在长期借贷交易中达成的重复借贷行为。这种在长期借贷交易中形成的银企关系对银行的贷款决策和企业的借款决策均有较大的影响。

Fama（1985）指出，银行关系之所以重要是因为它影响了企业筹集资本的能力，不管是在银行内部，还是其他的非银行渠道。他的推理如下：每当银行和企业更新借贷契约时，这种更新行为就被看作是一种信号显示机制，显示企业归还银行债务的能力得到了某种保证或者鉴定。这种更新产生了两种正的外部性，一方面使得其他资金的提供者不需要复制银行的审查程序就能获取该企业偿还能力的情况，这样就节省了成本；另一方面，能够保证企业在将来有压力产生足够的现金流来偿还其固定的债务，否则企业就失去了声誉。

对于银行来说，长期借贷关系可能使得银行在获取有关企业的信息方面具有信息优势。在长期的交往和合作过程中，银行可以获得他人所无法获取的私有信息（Berger and Udell，1995）。Sharpe（1990）考虑了一个在逆向选择下企业重复借款的模型，并认为通过重复的借贷，贷款人获取了借款人质量的内部信息，这种内部信息使得原有贷款人在再融资阶段比其他贷款人具有信息优势，因此降低了事后的竞争。Bharath 等（2007）从关系贷款人的角度实证分析了关系对贷款人的收益，发现相对于非关系贷款人来说，关系贷款人具有信息优势，这会使得关系贷款人更可能在未来提供贷款。数据分析结果显示，关系贷款人提供未来贷款的可能性是 42%，而非关系贷款人的可能性是 3%。他们还发现，信息不对称问题比较严重的借款人更可能从他们的关系贷款人那里获得未来的贷款。

对企业来说，长期银行关系也会带来许多好处，如提高信贷可获得性、降低利率、减少抵押和担保的要求。Petersen 和 Rajan（1994）调查了关系持续期对银行贷款条款的影响，发现关系持续期对融资可获得性有显著的正向影响。实证结果表明，当银企关系的持续时间较长时，或者企业通过扩展从银行购买的金融服务的数量来增加与贷款人的联系时，或者企业集中从一个贷款人那里进行贷款时，融资的可获得性就会增加。Berger 和 Udell（1995）发现拥有长期银企关系的企业能够以较低的利率取得贷款。并且，Berger 和 Udell（1995）、Harhoff 和 Korting（1998）发现长期银行关系的企业较小可能要求借款人提供担保。

5.2 理论分析与研究假设

5.2.1 理论分析

根据西方的银行关系理论，保持长期借贷关系通常意味着银行和借款人企业都愿意为了获取未来的利益而在短期内做出一定的牺牲。例如，银行可能在长期借贷关系的前期向借款人提供较低的利率来吸引客户，但希望在长期借贷关系的后期对这些客户收取较高的利率来弥补前期低利率的损失。相反，如果银行能够承诺在长期借贷关系的后期向借款人企业提供较低利率的话，借款人可能会愿意在长期借贷关系的前期接受较高利率的贷款。因此，银企关系的预期持续时间会影响银行对贷款的定价决策。就银行对企业会计稳健性的需求来说，长期借贷银企关系会从以下几个方面影响银行对企业会计信息的稳健性。

首先，长期借贷银企关系使银行获取了监督企业的信息优势，从而会降低银行对该企业会计信息的稳健性需求。在长期的银企合作关系中，银行有机会观察、了解到客户的私有信息，并可能在缔结合约、确定合约和实施合约方面利用这些私有信息，使合约具有更大的灵活性。根据 Fama（1985）的推断，银行通过存款服务来获取有关客户的私有信息，Fama（1985）还认识到，当银行在贷款前审查借款人时，长期的银企关系能够使银行获取企业的大量信息，有能力在整个贷款过程中严密监督企业管理层的行为，甚至影响管理层的决策。银行有如此多的获取长期客户私有信息的渠道，Fama（1985）因此把银行称为内部债权人（inside debtholder）。因此，在银行与企业的长期合作关系中，银行在搜集企业信息和监督企业方面就会具有竞争优势，降低了银行和企业之间的信息不对称程度，相应地也会减少银行对企业会计稳健性的需求。

其次，长期借贷银企关系通常意味着借款人在按时偿还借款方面具有良好的声誉，这种良好的声誉使银行放松了对借款人违约风险的关注，降低了对借款人会计信息稳健性的需求。从一家银行取得重复贷款或者长期贷款可能会提供企业可信的偿还贷款能力的保证，因此借款人为了获得及时归还贷款声誉的考虑而与银行建立长期的借贷关系。对声誉的考虑因而影响企业的借款决策和银行的贷款决策。银行会认为能够从银行取得长期借款的企业实际上传递的是这样一种信息，即借款人能够及时偿还借款的可信保证，是高质量的借款人。对于高质量的借款人，银行会放松对借款人违约风险的关注，从而减少了对其稳健性会计信息的需求。

最后，我国政府对长期借贷关系实施过多的干预，降低了银行对长期借贷关系借款人的监督力，从而降低了对会计信息稳健性的需求。银行对短期贷款和长期贷款的监督视角是有差别的（胡亦明、谢诗蕾，2005）。企业取得短期借款的目的一般是解决流动性资金缺乏的问题，因此短期借贷关系使银行面临着较大的还本付息的压力，一旦借款人的现金流量紧张状况出现，银行就会面临着无法收回贷款的风险。因此，基于规避风险的考虑，银行会对短期借贷关系的借款人实施更加严格的监督，提高对借款人稳健性会计信息的需求。虽然长期借贷关系增加了借款人未来的不确定性，但由于政府干预、法律环境、企业声誉等外部履约机制在长期借贷关系的形成中起着重要作用（刘运国等，2010），而在我国政府干预的借款往往是长期借款，袁淳等（2010）提供的证据表明，我国政府对信贷行为的干预会影响银行的监督效率。因此，银行会对长期借贷关系的借款人实施较为宽松的监督和约束，对会计信息稳健性的要求也会有所降低。

5.2.2　研究假设

从以上的理论分析中我们可以看出，银行之所以会对借款人的稳健性信息有需求，一方面是因为稳健的会计信息可以降低银行的信用风险，另一方面是因为稳健性能够解决银行与借款人之间的代理冲突，降低代理成本。长期借贷关系不仅可以使银行获取监督企业的信息优势，而且还传递出企业能够及时归还贷款的一种信号，因此能够降低银行对长期借贷关系借款人的监督力，从而减少对其会计稳健性信息的需求。此外，我国的长期借贷关系容易受到政府的干预，这降低了银行的监督力，减少了银行对这类借款人会计信息稳健性的需求。因此，长期借贷关系与企业的会计信息稳健性呈负向关系，具体来说，企业长期借款在外部借款中的比例越高，企业的会计信息越不稳健。由此提出假设 H5 - 1：

H5 - 1：企业长期借款在外部借款中的比例越高，会计信息越不稳健。

此外，研究表明，国有控股企业的长期借款更容易受到政府的干预，尤其是地方政府的干预（黎凯、叶建芳，2007）。袁淳等（2010）提供的证据表明，由于政府的干预，国有公司可以获得更多的长期贷款。因此，在企业的产权由政府控制的环境下，长期借款的监督力和约束力更弱。企业国有控股的产权性质进一步弱化了银行对长期借款的监督和约束效果，由此导致了在长期的借贷关系中，相对于非国有控股的上市公司，银行对国有控股上市公司的会计稳健性需求更少，即在国有产权控股企业中，长期借贷关系对会计稳健性的影响不如非国有控股上市公司长期借贷关系对会计稳健性的影响显著。由此我们得到假设 H5 -2：

H5 -2：与非国有企业相比，国有企业的长期借款在外部借款中所占的比例与会计稳健性之间的负相关关系更弱。

5.3 研究设计

5.3.1 数据和样本

与第 4 章一样，本章研究所需要的数据也都来自国泰安经济金融研究数据库（CSMAR），主要是中国上市公司财务报表数据库、中国上市公司财务报表附注数据库和中国上市公司股东研究数据库。有关上市公司实际控制人信息的数据则来自色诺芬上市公司治理结构数据库（CCER）。在选取样本的过程中，本章同样剔除了在计算模型中的现金流量和应计金额缺失数据的样本、没有最终控制人和最终控制人性质不能够确定的样本、金融类上市公司和没有贷款余额的样本观测值，最后还同样剔除了异常值的样本观测值，在对样本进行处理后共得到 4038 个样本观测值。

5.3.2 模型和变量

在本章我们仍然使用 Ball 和 Shivakumar（2005，2006）的应计—现金流模型来估计样本企业会计信息的稳健性。由于本章是研究基于长期借贷形成的银企关系对企业会计稳健性的影响，因此，我们在模型中加入了度量长期借贷银企关系的变量——长期借款在借款总额中所占的比重（LLOAN）和哑变量（DLLOAN）。如果企业长期借款在外部借款中所占的比重大于所有样本的长期借款在外部借款中所占比重的平均值 0.142，则 DLLOAN = 1，如果企业长期借款在外部借款中所占的比重小于所有样本的长期借款在外部借款中所占比重的平均值 0.142，则 DLLOAN = 0。其他各变量的定义仍然与第 4 章中变量的定义相同，具体见表 4 - 2。

$$
\begin{aligned}
ACC_t = {} & \varphi_0 + \varphi_1 DCFO_t + \varphi_2 CFO_t + \varphi_3 DCFO_t \times CFO_t + \varphi_4 LLOAN_t \\
& + \varphi_5 LLOAN_t \times DCFO_t + \varphi_6 LLOAN_t \times CFO_t \\
& + \varphi_7 LLOAN_t \times DCFO_t \times CFO_t + \varphi_8 SIZE_t \times DCFO_t \times CFO_t \\
& + \varphi_9 LEV_t \times DCFO_t \times CFO_t + \varphi_{10} MB_t \times DCFO_t \times CFO_t + \varepsilon_t
\end{aligned}
\tag{5-1}
$$

$$
\begin{aligned}
ACC_t = {} & \varphi_0 + \varphi_1 DCFO_t + \varphi_2 CFO_t + \varphi_3 DCFO_t \times CFO_t + \varphi_4 DLLOAN_t \\
& + \varphi_5 DLLOAN_t \times DCFO_t + \varphi_6 DLLOAN_t \times CFO_t \\
& + \varphi_7 DLLOAN_t \times DCFO_t \times CFO_t + \varphi_8 SIZE_t \times DCFO_t \times CFO_t \\
& + \varphi_9 LEV_t \times DCFO_t \times CFO_t + \varphi_{10} MB_t \times DCFO_t \times CFO_t + \varepsilon_t
\end{aligned}
\tag{5-2}
$$

上述模型（5 - 1）和模型（5 - 2）主要用来检验本章的假设 H5 - 1 和假设 H5 - 2。根据 Dechow（1994）的研究，当期的应计和当期的经营活动现金流量负相关，因此 φ_2 预期为负。如果稳健性存在，φ_3 预期为正。如果长期借款比例高的企业的会计稳健性较低，那么 φ_7 预期为负。即如果假设 H5 - 1 成立，那么两个模型中 φ_7 的值预期为负。同样我们也可以使用上述模型（5－1）和模型（5－2）来检验假设 H5－2，所使用的方法是分样本分别对国有企业组和非国有企业组进行检验。如果假设 H5－2 成立，即相对于非国有控股的上市公司，国有控股上市公司的长期借款在外部借款中所占的比例与会计稳健性的负向关系更加不明显，那么国有企业组的 DLLOAN × DCFO × CFO 和 LLOAN × DCFO × CFO 的系数 φ_7 比非国有企业组的 DLLOAN × DCFO × CFO 和 LLOAN × DCFO × CFO 的系数 φ_7 会更大。

实际上，对假设 H5－2 的检验还存在另一种方法，即在模型（5－1）和模型（5－2）中分别加入一个四项交互变量，即 SOE × LLOAN × DCFO × CFO 和 SOE × DLLOAN × DCFO × CFO，如果该四项交互变量的系数显著为负，说明对国有企业来说长期借款在外部借款中所占的比例与会计稳健性的负向关系更加明显，假设 H5－2 成立。由于该方法需要将 SOE 与原模型（5－1）和模型（5－2）中的每个解释变量都要进行交互，因此使用该方法存在一个弊端就是结果会导致多重共线性比较严重。本章在检验时没有使用该方法，而是选择了分样本进行检验。

5.4 实证结果与分析

5.4.1 描述性统计分析

在表 5－1 的 Panel A 部分我们提供了全样本企业的描述性统计结果，应计项目的平均值和中位数分别是 0.116 和 0.028，经营活动现金流量的平均值和中位数分别是－0.101 和－0.008。企业长期借款在外部借款中所占的比例的均值是 0.142，说明平均来说，我国上市公司的外部借款以短期借款为主，长期借款大约只占外部借款的 14.2%。该结果与陶晓慧、柳建华（2010）的结果一致，他们也发现了我国上市公司的长期借款在外部借款中的比例不足20%。企业规模的均值为21.402，与Chen等（2010）的21.41的规模基本一致。负债水平的均值是0.245，稍低于Chen等（2010）的0.321的负债水平。市场—账面价值比的均值是3.02，同样稍低于Chen等（2010）的3.554的市场—账面价值比均值。对企业规模、负债水平、市场—账面价值比的描述性统计分析表明，平均来说，我们的样本企业的财务健康状况是良好的。

表5-1的Panel B部分分别报告了国有企业和非国有企业的描述性统计结果。结果显示，国有企业的长期借款在外部借款中所占的比重（15.2%）比非国有企业的长期借款在外部借款中所占的比重（12.6%）要大一些，这也符合袁淳等（2010）的研究结论，即由于政府的干预，国有公司可以获得更多的长期贷款。与非国有企业相比，国有企业的规模更大（21.774 vs. 20.848），负债水平更低（0.217 vs. 0.285），因此国有企业的财务风险比非国有企业要低。我们在表5-1 Panel B的第三栏又对国有企业组和非国有企业组进行了曼—怀氏（Mann-Whitney）z检验，检验国有企业组和非国有企业组的各变量值是否存在显著差异。检验结果表明，除了应计项目和经营活动现金流量之外，国有企业和非国有企业的其他各项均存在较显著的差异。

表5-1　　　样本企业的描述性统计结果

Panel A：全样本的描述性统计分析结果

变量	样本量	均值	标准差	中位数	最小值	最大值
ACC	4161	0.116	0.482	0.028	-0.865	2.73
CFO	4161	-0.101	0.507	-0.008	-3.11	0.755
LLOAN	4038	0.142	0.217	0.027	0	1
SIZE	4450	21.402	1.395	21.313	10.842	28.003
LEV	4419	0.245	0.711	0.193	0	25.7
MB	4431	3.02	2.622	2.231	0.829	16.464

续表

Panel B：分样本的描述性统计分析结果

	国有企业			非国有企业			是否存在显著差异	
变量	均值	中位数	标准差	均值	中位数	标准差	Z 值	P 值
ACC	0.13	0.025	0.48	0.095	0.031	0.484	-0.978	0.328
CFO	-0.113	-0.007	0.509	-0.084	-0.008	0.503	1.169	0.243
LLOAN	0.152	0.053	0.215	0.126	0	0.22	-1.77*	0.076
SIZE	21.774	21.638	1.34	20.848	20.856	1.289	-18.621***	0.000
LEV	0.217	0.203	0.171	0.285	0.179	1.1	-3.004***	0.003
MB	2.584	1.99	2.088	3.668	2.706	3.149	12.905***	0.000
样本量	2504			1534				

注：* 表示在 10% 的水平上显著，** 表示在 5% 的水平上显著，*** 表示在 1% 的水平上显著。

5.4.2 假设 H5-1 的实证结果与分析

在表 5-2 中我们列示了假设 H5-1 的主要检验结果，其中，Panel A 是使用模型（5-1）进行检验的回归分析结果，Panel B 是使用模型（5-2）进行检验的回归分析结果。之所以使用两个模型来检验假设 H5-1，主要是考虑到代表我国上市公司的样本企业的长期借贷关系不是企业最主要的借款来源，企业长期借款在外部借款中所占比例平均只有 14.2%（见表 5-1 的描述性统计分析结果），因此为了增强论证的说服力，我们使用了两个不同的模型来检验假设 H5-1，当这两个模型的结论相互印证时，结论就会有更强的说服力。在使用每个模型进行检验时，我们同时列出了不加控制变量和加入控制变量的回归结果，并将其进行比较。

表 5－2　　长期借贷与会计稳健性的实证检验结果

Panel A：使用模型（5－1）的回归分析结果

变量（系数）	预期符号	无控制变量		加控制变量	
		系数	T 值	系数	T 值
INTERCEPT（φ_0）	?	0.024	7.15 ***	0.024	7.21 ***
DCFO（φ_1）	?	0.011	2.66 ***	0.009	2.18 **
CFO（φ_2）	－	－1.008	－63.31 ***	－1.006	－64.12 ***
DCFO × CFO（φ_3）	+	0.109	6.45 ***	0.096	5.76 ***
LLOAN（φ_4）	?	－0.005	－0.72	－0.0007	－0.11
LLOAN × DCFO（φ_5）	?	－0.0002	－0.14	－0.0001	－0.05
LLOAN × CFO（φ_6）	?	0.041	1.61	0.031	1.26
LLOAN × DCFO × CFO（φ_7）	－	－0.146	－3.46 ***	－0.103	－2.48 **
SIZE × DCFO × CFO（φ_8）	－			－0.0007	－7.34 ***
LEV × DCFO × CFO（φ_9）	+			0.017	12.35 ***
MB × DCFO × CFO（φ_{10}）	+			0.012	5.31 ***

Panel B：使用模型（5－2）的回归分析结果

变量（系数）	预期符号	无控制变量		加控制变量	
		系数	T 值	系数	T 值
INTERCEPT（φ_0）	?	0.025	5.4 ***	0.025	5.47 ***
DCFO（φ_1）	?	0.01	1.59	0.009	1.58
CFO（φ_2）	－	－1.06	－59.77 ***	－1.06	－59.77 ***
DCFO × CFO（φ_3）	+	0.184	9.56 ***	0.184	9.21 ***
DLLOAN（φ_4）	?	0.025	4.21 ***	0.025	4.28 ***
DLLOAN × DCFO（φ_5）	?	－0.007	－0.76	－0.006	－0.64
DLLOAN × CFO（φ_6）	?	0.0003	1.47	0.004	2.07 **
DLLOAN × DCFO × CFO（φ_7）	－	－0.045	－3.71 ***	－0.04	－2.99 ***
SIZE × DCFO × CFO（φ_8）	－			－0.0004	－2.37 **
LEV × DCFO × CFO（φ_9）	+			0.013	8.96 ***
MB × DCFO × CFO（φ_{10}）	+			0.001	0.43

注：* 表示在 10% 的水平上显著，** 表示在 5% 的水平上显著，*** 表示在 1% 的水平上显著。

模型（5－1）：$ACC_t = \varphi_0 + \varphi_1 DCFO_t + \varphi_2 CFO_t + \varphi_3 DCFO_t \times CFO_t + \varphi_4 LLOAN_t + \varphi_5 LLOAN_t \times DCFO_t + \varphi_6 LLOAN_t \times CFO_t + \varphi_7 LLOAN_t \times DCFO_t \times CFO_t + \varphi_8 SIZE_t \times DCFO_t \times CFO_t + \varphi_9 LEV_t \times DCFO_t \times CFO_t + \varphi_{10} MB_t \times DCFO_t \times CFO_t + \varepsilon_t$

模型（5－2）：$ACC_t = \varphi_0 + \varphi_1 DCFO_t + \varphi_2 CFO_t + \varphi_3 DCFO_t \times CFO_t + \varphi_4 DLLOAN_t + \varphi_5 DLLOAN_t \times DCFO_t + \varphi_6 DLLOAN_t \times CFO_t + \varphi_7 DLLOAN_t \times DCFO_t \times CFO_t + \varphi_8 SIZE_t \times DCFO_t \times CFO_t + \varphi_9 LEV_t \times DCFO_t \times CFO_t + \varphi_{10} MB_t \times DCFO_t \times CFO_t + \varepsilon_t$

我们先看 Panel A 中使用模型（5－1）的回归分析结果。在无控制变量的模型中，经营活动现金流量 CFO 的系数显著为负（$\varphi_2 = -1.008$，$t = -63.31$），这个结果与应计能够缓和经营活动现金流的噪音是一致的。DCFO × CFO 的系数显著为正（$\varphi_3 = 0.109$，$t = 6.45$），表明企业通过应计确认未实现损失比确认未实现收益更为及时，即样本企业存在会计稳健性。LLOAN × DCFO × CFO 的系数显著为负（$\varphi_7 = -0.146$，$t = -3.46$），说明企业长期借款在外部借款中的比例越高，企业通过应计确认未实现损失比确认未实现收益更为及时的程度更低一些，即表明企业的会计稳健性程度更差一些，长期借贷关系降低了企业的会计稳健性，假设 H5－1 得以验证。当我们在模型中加入控制变量之后，经营活动现金流量 CFO 的系数仍然显著为负（$\varphi_2 = -1.006$，$t = -64.12$），DCFO × CFO 的系数仍然显著为正（$\varphi_3 = 0.096$，$t = 5.76$），LLOAN × DCFO × CFO 的系数仍然显著为负（$\varphi_7 = -0.103$，$t = -2.48$），即长期借贷关系降低了企业的会计稳健性。控制变量的结果是企业规模与会计稳健性呈反向关系（$\varphi_8 = -0.001$，$t = -7.34$），负债水平与会计稳健性呈正向关系

（φ_9 = 0.017，t = 12.35），市场—账面价值比率与会计稳健性之间却呈现出显著的正向关系（φ_{10} = 0.012，t = 5.31）。

我们再看 Panel B 中使用模型（5－2）的回归分析结果。与使用模型（5－1）的回归结果一致，经营活动现金流量 CFO 的系数仍显著为负，加入控制变量前后均显著为－1.06，DCFO × CFO 的系数仍显著为正，加入控制变量前后均显著为 0.184，表明存在会计稳健性。DL-LOAN × DCFO × CFO 的系数在加入控制变量前后均显著为负，加入控制变量前显著为－0.05，加入控制变量之后显著为－0.04，表明长期借款在外部借款中所占比例高的企业和长期借款在外部借款中所占比例低的企业之间存在显著的差异。如果用数字表示，长期借款在外部借款中所占比例低的企业的会计稳健性为 0.184，那么长期借款在外部借款中所占比例高的企业的会计稳健性就是 0.144（0.184－0.04），长期借款在外部借款中所占比例低的企业的会计稳健性更高，长期借贷关系降低了企业的会计稳健性。该结果印证了模型（5－1）的回归结果，支持了本章的假设 H5－1，即企业长期借款在外部借款中的比例越高，会计信息越不稳健。最后，控制变量企业规模与会计稳健性呈反向关系（φ_8 = －0.0004，t = －2.37），负债水平与会计稳健性呈正向关系（φ_9 = 0.013，t = 8.96），而市场—账面价值比率与会计稳健性之间的关系却不显著。

总之，使用 Ball 和 Shivakumar（2005，2006）的应计现金流模型，我们发现了强有力的证据支持假设 H5－1，即企业长期借款在外部借款中的比例越高，会计信息越不稳健，长期借贷关系降低了企业的会计稳健性。

5.4.3　假设 H5－2 的实证结果与分析

在表 5－3 中我们列示了假设 H5－2 的主要检验结果，其中，Panel A 是使用模型（5－1）进行检验的回归分析结果，Panel B 是使用模型（5－2）进行检验的回归分析结果。之所以使用两个模型来检验假设 H5－2，同样还是考虑到代表我国上市公司的样本企业的长期借贷关系不是企业最主要的借款来源，企业长期借款在外部借款中所占比例平均只有 14.2%（见表 5－1 的描述性统计分析结果），因此为了增强论证的说服力，我们使用了两个不同的模型来检验假设 H5－2，当这两个模型的结论相互印证时，结论就会有更强的说服力。在检验假设 H5－2 时，我们主要是将国有企业组和非国有企业组分样本进行检验。

表 5－3　　长期借贷、国有产权与会计稳健性的实证检验结果

Panel A：使用模型（5－1）的回归分析结果

变量（系数）	预期符号	国有企业		非国有企业	
		系数	T 值	系数	T 值
INTERCEPT（φ_0）	?	0.025	6.45***	0.02	3.15***
DCFO（φ_1）	?	0.003	0.65	0.019	2.46**
CFO（φ_2）	－	－0.983	－48.21***	－1.016	－40.35***
DCFO×CFO（φ_3）	＋	0.049	1.66*	0.12	4.47***
LLOAN（φ_4）	?	0.001	0.1	－0.006	－0.37
LLOAN×DCFO（φ_5）	?	0.0002	0.01	－0.002	－0.16
LLOAN×CFO（φ_6）	?	0.026	1.16	0.003	0.07
LLOAN×DCFO×CFO（φ_7）	－	－0.107	－2.23**	－0.14	－1.81*
SIZE×DCFO×CFO（φ_8）	－	0.002	3.64***	－0.0003	－1.89*
LEV×DCFO×CFO（φ_9）	＋	0.048	2.78***	0.016	10.12***
MB×DCFO×CFO（φ_{10}）	＋	－0.032	－4.03***	0.004	0.77

Panel B：使用模型（5－2）的回归分析结果

变量（系数）	预期符号	国有企业		非国有企业	
		系数	T 值	系数	T 值
INTERCEPT（φ_0）	?	0.024	4.33***	0.02	2.67***
DCFO（φ_1）	?	0.002	0.26	0.016	1.6
CFO（φ_2）	－	－0.993	－39.54***	－1.1	－43.11***

续表

Panel B：使用模型（II）的回归分析结果

变量（系数）	预期符号	国有企业		非国有企业	
		系数	T值	系数	T值
DCFO × CFO（φ_3）	+	0.045	1.52	0.236	7.8***
DLLOAN（φ_4）	?	0.013	1.9*	0.043	4.39***
DLLOAN × DCFO（φ_5）	?	0.007	0.63	-1.021	-1.38
DLLOAN × CFO（φ_6）	?	0.004	0.87	-0.002	-0.61
DLLOAN × DCFO × CFO（φ_7）	-	0.009	0.46	-0.09	-3.93***
SIZE × DCFO × CFO（φ_8）	-	-0.038	-3.95***	-0.009	-2.34***
LEV × DCFO × CFO（φ_9）	+	-0.001	-0.01	0.014	8.7***
MB × DCFO × CFO（φ_{10}）	+	0.002	4.1***	0.0002	0.9

注：* 表示在10%的水平上显著，** 表示在5%的水平上显著，*** 表示在1%的水平上显著。

模型（5-1）：
$$ACC_t = \varphi_0 + \varphi_1 DCFO_t + \varphi_2 CFO_t + \varphi_3 DCFO_t \times CFO_t + \varphi_4 LLOAN_t + \varphi_5 LLOAN_t \times DCFO_t + \varphi_6 LLOAN_t \times CFO_t + \varphi_7 LLOAN_t \times DCFO_t \times CFO_t + \varphi_8 SIZE_t \times DCFO_t \times CFO_t + \varphi_9 LEV_t \times DCFO_t \times CFO_t + \varphi_{10} MB_t \times DCFO_t \times CFO_t + \varepsilon_t$$

模型（5-2）：
$$ACC_t = \varphi_0 + \varphi_1 DCFO_t + \varphi_2 CFO_t + \varphi_3 DCFO_t \times CFO_t + \varphi_4 DLLOAN_t + \varphi_5 DLLOAN_t \times DCFO_t + \varphi_6 DLLOAN_t \times CFO_t + \varphi_7 DLLOAN_t \times DCFO_t \times CFO_t + \varphi_8 SIZE_t \times DCFO_t \times CFO_t + \varphi_9 LEV_t \times DCFO_t \times CFO_t + \varphi_{10} MB_t \times DCFO_t \times CFO_t + \varepsilon_t$$

我们先看Panel A中使用模型（5-1）的回归分析结果。检验结果显示，国有企业样本组和非国有企业样本组经营活动现金流量（CFO）的系数均仍然显著为负，国有企业组显著是-0.983，非国有

企业组显著是 -1.016；交互变量 DCFO × CFO 的系数均是仍然显著为正，国有企业组显著是 0.049，非国有企业组显著是 0.12。交互变量 LLOAN × DCFO × CFO 的系数也都显著为负，但不同的是，国有企业组的显著是 -0.107，非国有企业组的显著是 -0.14，国有企业组明显大于非国有企业组，说明虽然长期借款在外部借款中所占比例越高，会计信息越不稳健性对两个样本组都成立，但是对国有企业样本来说，长期借款在外部借款中所占比例与会计稳健性的负向关系的程度更低，我们的假设 H5 -2 得以验证。

再看 Panel B 中使用模型（5 -2）的回归分析结果。检验结果显示，国有企业样本组和非国有企业样本组经营活动现金流量（CFO）的系数均仍然显著为负，国有企业组显著是 -0.993，非国有企业组显著是 -1.1；国有企业组交互变量 DCFO × CFO 的系数不显著，而非国有企业组交互变量 DCFO × CFO 的系数显著为 0.236。交互变量 DLLOAN × DCFO × CFO 的系数是我们在假设 H5 -2 中关注的重点，国有企业组的该系数不显著，而非国有企业组的该系数显著为 -0.09，说明对于国有企业组来说，长期借款较多或者较少对企业的会计稳健性并没有显著的影响，也就是说，长期借贷关系不影响国有企业的会计稳健性，但长期借贷关系却会影响非国有企业的会计稳健性，长期借贷关系会降低银行对企业的会计稳健性需求。该结果印证了模型（5 -1）的回归结果，支持了本章的假设 H5 -2，即相对于非国有控股的上市公司，国有控股上市公司的长期借款在外部借款中所占的比例与会计稳健性的负向关系更加不明显。最后，对于国有企业组和非国有企业组来说，控制变量企业规模与会计稳健性呈反向关系。

5.4.4 稳健性检验

与第 4 章的稳健性检验一样，我们使用会计稳健性的另两种计量方式评价了我们结果的可靠性，即 Basu（1997）的盈余—股价回报关系计量模型和检查盈余变化的时间序列特征。检验结果表明，不管采用哪一种稳健性计量模型，其结果均与前述主检验得出的结论基本一致。由于篇幅的限制，我们没有在本章中列出使用这两个模型进行稳健性检验的主要结果。

5.5　本章小结

本章研究了基于长期借贷的银企关系与借款公司会计稳健性。这一章从银行与企业之间形成的长期借贷关系的角度出发，探讨这种长期借贷关系如何影响银行对企业会计信息的稳健性的需求。银行与企业之间的长期借贷关系一方面能够使银行获取监督企业的信息优势，另一方面也暗示着借款人在偿还借款方面具有良好的声誉，此外，在国有企业中，政府往往对长期借款实施更多的干预，这些都对会计信息稳健性的要求有所降低。本章基于这些假设，检验了长期借贷关系对借款企业会计信息稳健性的影响，揭示了银企关系的另一重特性。研究结果表明，企业长期借款在外部借款中的比例越高，企业的会计信息越不稳健，说明长期借贷关系降低了企业的会计稳健性，在加入控制变量之后得到了一致的结论。此外，研究还发现，相对于非国有企业，国有企业的长期借款在外部借款中所占的比例与会计稳健性的负相关关系更弱，说明长期借贷关系对企业会计稳健性的治理作用受到国家所有权安排的影响和制约。

银企关系、债务治理
与借款公司的
会计稳健性
Chapter 6

第6章 基于贷款担保的银企关系与借款公司的会计稳健性

在债务契约中，贷款人通常要求借款人提供担保。同贷款的利率、到期日等要素一样，担保也是执行债务合约的一种机制，并且是非常重要的债务合约要素。在我国计划经济时期，由于资本流动均是由政府通过银行进行指导和控制的，因此银行进行风险管理的空间和需求都很小，贷款主要是信用贷款。在我国由计划经济向市场经济转型的早期，银行开始具有了风险意识，并要求借款企业提供保证或担保来管理风险。直到 20 世纪 90 年代中期，贷款担保才广泛地被银行使用作为重要的风险管理工具。根据杨建莹、钱皓（2008）的一个问卷调查，2000～2005 年，抵押和质押贷款占总贷款的比例从 23% 上升到了 35%。而本书提供的数据表明，我国上市公司中大约有 55% 的借款是担保借款（包括以抵押、质押和保证方式提供的担保），贷款人要求借款企业以各种方式提供担保，担保已经成为我国债务契约中一种常见的条款。然而，尽管如此，学术界对债务担保的研究仍然是有限的，国外的财务与金融学者主要集中于对担保的定价和担保在信息不对称情况下所起的作用方面。2001 年之前，国内对于担保的研究以规范研究为主，且主要分析在我国特殊的制度背景下企业担保行为的特征、成因及国家在这方面的规范性文件。2001 年之后开始出现了相关的实证研究成果，一部分探讨了公司治理对担保的影响，另一部分探讨了担保的经济后果。然而，在研究担保的经济后果的文献中，以对外担保对公司绩效的影响为主。而许多研究都表明，担保作为一种重要的债务契约机制，可以降低借款人和贷款人之间的信息不对称，缓解借贷行为中的道德风险和逆向选择问题（Benjamin，1978；Stiglitz and Weiss，1981；Boot，Thakor and Udell，1991）。因此笔者认为，债务担保这种债务契约机制，在债务治理中的作用不可小觑，本章从会计信息质量的角度出发，实证检验了基于贷款担保的银企关系对借款公司的会计稳健性的影响。

6.1 引　　言

6.1.1 贷款担保的概念

《中华人民共和国担保法》（以下简称《担保法》）第一章第二条规定："在借贷、买卖、货物运输、加工承揽等经济活动中，债权人需要以担保方式保障其债权实现的，可以依照本法规定设定担保。"由此可见债权人可以在多种经济活动中以担保机制来保证其债权的实现，由于本章的主要研究对象是银行借款的债务治理功能，因此本章的担保主要是指银行和借款人企业在借贷活动中约定的担保。

此外，《担保法》还规定了担保方式为保证、抵押、质押、留置和定金。保证是指保证人和债权人约定，当债务人不履行债务时，保证人按照约定履行债务或者承担责任的行为。抵押是指债务人或者第三人不转移对抵押财产的占有，将该财产作为债权的担保。当债务人不履行债务时，债权人有权以该财产折价或者以拍卖、变卖该财产的价款优先受偿。质押是指债务人或者第三人将其动产移交债权人占有，将该动产作为债权的担保。当债务人不履行债务时，债权人有权以该动产折价或者以拍卖、变卖该动产的价款优先受偿。留置是指因保管合同、运输合同、加工承揽合同发生的债权，债权人按照合同约定占有债务人的动产，债务人不按照合同约定的期限履行债务的，债权人有权留置该财产，以该财产折价或者以拍卖、变卖该财产的价款优先受偿。定金是指当事人可以约定一方向对方给付定金作为债权的担保。由此可见，抵押、质押和留置属于物的担保，而保证属于法人担保。

在这五种担保的方式中，贷款担保实践中采用的最常见的担保方式是抵押、质押和保证。根据本章所搜集的样本数据，保证方式是我国上市公司对外借款时最常用的担保方式，平均来说，以保证方式提供担保取得的借款占企业外部借款的比例将近30%。其次是抵押，以抵押方式提供担保取得的借款大约占企业外部借款的21%。除了保证和抵押之外，质押也是我国上市公司财务报表中披露的一种担保方式，只是与保证和抵押相比，质押借款所占的比例并不是很大，大约只占企业外部借款的5.5%。而对于其他的担保方式，上市公司披露的较少，在实践中运用的也比较少。

6.1.2 贷款担保的动机

对于贷款担保动机的研究，国外的文献已经有非常成熟的研究成果，我们在此主要对国外研究贷款担保动机的文献进行了归纳和总结。这些文献对担保动机的研究主要有四种担保理论：交易成本担保理论、代理成本担保理论、逆向选择与道德风险担保理论、筛选机制理论（screening）/信号传递理论（signaling）。

（1）交易成本理论。

交易成本理论认为担保会增加贷款人的交易成本，因此会影响贷款人贷款决策。Barro（1976）认为担保会增加贷款人的交易成本，即借款人违约时贷款人变卖担保资产、产权转移和担保诉讼方面的成本，可能会使贷款人蒙受损失，贷款人因此可能会提高利率作为对所蒙受的损失的补偿。Bester（1985）指出，由于担保的交易成本的存在，在不完全信息的条件下，担保是市场对不完全信息做出的一种反应，有助于揭示贷款申请人的违约风险信息，可以降低由不完全信息引起的道德风险问题。

（2）代理成本担保理论。

由于股东和债权人的目标函数是不一致的，股东在追求股东价值最大化的过程中，其某些行为可能会侵害到公司债权人的利益，而担保的存在就是为了降低股东和债权人的利益冲突所引起的代理成本。

Siebrasse（1997）认为担保可以看作是债务融资所引发的股东或经理人与债权人之间利益冲突的一种反应机制。

Benjamin（1978）认为，有担保的债务可以协调股东和债权人之间的利益冲突，减弱由于股东选择高风险项目而向债权人转移风险、损害债权人利益的“资产替代”效应（Jensen and Meckling，1976）。这是因为借款人发生风险转移的可能性越大，其被要求提供的担保品就越多，所以担保可以提高股东转移风险和资产替代的成本。

Leeth 和 Scott（1989）认为，由于担保条款赋予了贷款人在借款人违约时拥有担保品的优先权，因此降低了贷款人债务契约的执行成本以及监督成本。同时，由于担保条款使贷款人在借款人违约时有权拥有担保资产，这就直接限制了对债权人价值的稀释，从而限制了债权人财富向股东发生转移，降低了代理成本。

（3）逆向选择与道德风险担保理论。

逆向选择与道德风险担保理论认为，担保可以降低借款人和贷款人之间的信息不对称，缓解借贷行为中信息不对称引起的道德风险（Boot et al.，1991）和逆向选择（Chan and Kanatas，1985；Besanko and Thakor，1987）问题。

Triantis（1992）指出，信用市场存在两类非对称信息结构。一是事前信息不对称引发的逆向选择问题，因为借款人拥有关于自己的风险状况和能否按时归还贷款的私有信息，如果借款人没有如实向银行披露所借资金的投资情况，银行就很难根据借款人的财务状况等信息，在事前确定借款人的违约风险；二是事后信息不对称引发的道德风险问题，在贷款发放之后，由于银行无法完全拥有借款人的用贷和还贷行为等信息，银行也将面临借款人违约的风险。正是以上两种事前和事后的非对称信息结构，分别导致了信贷市场的逆向选择和道德风险问题。

Stiglitz 和 Weiss（1981）的逆向选择担保理论认为，担保要求之所以存在，是因为当存在隐藏信息时（贷款人不知道借款人的质量），如果借款人无法及时归还借款，银行可以通过处理担保抵押品直接得到补偿，这等于是担保机制把部分损失的风险转嫁给担保抵押品的所有者——借款人或者担保人，从而降低了隐藏行动的代理成本（道德风险）。

（4）筛选机制理论（screening）/信号传递理论（signaling）。

筛选机制理论是从信息经济学的角度出发，认为向市场传递信号是缓解不完全信息引发的道德风险和逆向选择问题的有效解决方法。在信息不对称的信贷市场中，尽管贷款人很难通过所掌握的信息直接区分借款人违约风险的高低，但是却可以通过借款人在信贷市场上所传递的信号（signaling）来识别借款人的风险状况，达到有效筛选（screening）借款人的目的。借款人在信贷市场上所传递的信号主要是通过对担保和利率的选择来实现的。

Besters（1985）认为贷款人可以通过提供一组贷款契约来筛选借款人。低风险的借款人会选择有担保的贷款，支付较低的利率溢价；而高风险的借款人会选择无担保的贷款，支付较高的利率溢价。换句话说，借款人会通过担保来显示出他们的风险类别。Chan 和 Kanatas（1985）、Besanko 和 Thakor（1987）等也认为，借款人选择较低的利率和较高程度担保的债务契约传递的是一种低风险的信号，借款人选择较高的利率和较低程度担保的债务契约传递的是一种低风险的信号，银行可根据借款人传递的不同信号对借款人的风险类型做出判断。Triantis（1992）等的研究结果也都支持了高质量的借款人提供更多担保的观点。

但是，还有一种观点认为借款人提供较高程度的担保传递的是一种高风险的信号，即企业的风险程度越高，贷款人对借款人提出的担保条件就越苛刻。他们一致认为，违约风险低的高质量的借款人在债务契约中使用担保的倾向是比较小的。Barro（1976）、Stiglitz 和 Weiss（1981）、Wette（1983）等认为是担保的激励作用导致了这样的结果，即那些提供担保的借款人正是高风险的低质量的借款人，担保的程度越高，预示着借款人的风险程度越高。Orgler（1970）、Benjamin（1978）、Leech 和 Scott（1989）等的研究结论也支持低质量的借款人通常被要求提供更多担保的观点。

6.2　理论分析与研究假设

6.2.1　理论分析

贷款担保是债务契约中常见的一种债务条款，通过贷款担保，贷款人获取了对担保物优先受偿的权利，如果借款人没有按时归还贷款，发生了贷款违约，那么贷款担保就可以降低贷款人的损失。许多财务文献都把贷款担保的使用解释为源自债务契约代理问题的一种结果，能够缓解借贷行为中信息不对称引起的道德风险（Boot et al.，1991）和逆向选择（Chan and Kanatas，1985；Besanko and Thakor，1987）问题。

既然贷款担保在债务契约中能够起到缓解信息不对称引起的道德风险和逆向选择的作用，而会计稳健性也被视为协调公司内部各契约（包括债务契约）参与方利益冲突、保证契约有效执行的机制，能显著降低信息不对称条件下契约各方的道德风险和机会主义行为，是作为降低企业潜在诉讼成本、契约成本以及政治成本的一种治理机制。那一个很自然的问题就是，贷款担保和会计稳健性是何种关系？贷款担保是否能够降低债务的代理成本，并降低银行对借款人会计稳健性的需求？在我国的现实情况下，上市公司常用的几种贷款担保的方式即保证贷款、抵押贷款和质押贷款在降低债务的代理成本并降低银行对借款人会计稳健性的需求方面是否存在差异？Chen 等（2010）的研究表明，借款人的国有所有权降低了贷款的违约风险，那么借款人的国有所有权是否会影响贷款担保与会计稳健性的关系，这也是一个值得探讨的问题。

(1) 贷款担保与借款企业的会计稳健性。

贷款担保是用借款人或担保人的资产为银行的贷款提供一种安全的保证，一旦借款企业陷入破产出现违约的情况，银行就可以对担保资产行使索取权从而降低贷款的损失。因此，在债务契约中，如同利率、到期日等贷款条款一样，担保条款在债务契约中也得到了广泛的使用。许多研究文献都把担保条款作为缓和借款人和贷款人之间信息不对称而导致的道德风险和逆向选择的一种机制。如果贷款人事先知道借款人的信用质量，为了降低风险他们会要求低质量的借款人提供担保；如果贷款人事先不知道借款人的信用质量而借款人知道自己的信用质量，那么高质量的借款人可能会选择使用担保作为高质量信用的信号，以换取较低的利率（Bester，1985；Chan and Kanatas，1985）。在这两种情况下，担保的使用都是降低债务代理成本的债务契约机制。

在债务契约中，会计稳健性同样也是一种能够降低债务代理成本的机制，在债务契约的执行过程中发挥着重要作用，选择稳健的会计政策的公司往往面临着较低的债务成本（Anwer et al.，2000）。在辛迪加贷款中，当借款人的会计信息更加稳健时，会减轻主贷款人和其他贷款人之间的信息不对称程度（Ball et al.，2008）。

作为降低债务代理成本的两种机制，贷款担保和会计稳健性在债务契约中都一并被运用。如果借款人在债务契约中选择了担保条款，这就意味着贷款人的贷款投资会得到一种安全的保证，根据筛选机制理论（screening）或者信号传递理论（signaling），这时贷款人会认为借款人是高质量的借款人，具有较低的违约风险，因此就会放松对借款人违约风险的关注，从而减少了对其稳健性会计信息的需求。

在我国，政府对国有控股的上市公司具有很大的影响力。在本书的第 4 章和第 5 章中，我们也论述了政府对国有企业的隐性担保和政府对国有银行的信贷干预，一些学者也提供了我国国有控股公司具有信贷优惠的经验证据（江伟、李斌，2006；胡奕明、谢诗蕾，2006），袁淳等（2010）也发现了国有企业的信用贷款高于民营企业的证据，并认为根源在于政府的信贷干预。政府关系同样也会影响到企业的贷款担保（孙铮，2005；罗党论、唐清泉，2007），Chen 等（2011）的研究发现了国有企业担保贷款的比例明显地小于非国有企业担保贷款比例的证据，这与袁淳等（2010）发现国有企业的信用贷款高于民营企业信用贷款的证据是一致的。因此，我们预期，国有控股的企业性质会影响到贷款担保作用于会计稳健性信息的需求。相对于非国有控股的企业，贷款人较不关心国有控股企业的违约风险。如果他们同时考虑这两种降低代理成本的机制，当他们对借款人违约风险的关注增加时，会计稳健性对贷款担保的替代补充效果应当会更强，而当他们对借款人违约风险的关注降低时，会计稳健性对贷款担保的替代补充效果应当会更弱。

（2）担保方式与借款企业的会计稳健性。

根据我国《担保法》的规定，贷款担保可以有保证、抵押、质押、留置和定金五种担保方式。但目前在我国的贷款结构中，信用贷款、保证贷款和抵押贷款占主体地位，因此，信用、保证和抵押这两种担保方式是本书讨论的主要担保类型。抵押和质押属于物的担保，即由债务人所有的财产上所设定的权利而构成的担保，而保证属于法人担保，是由第三人所做的保证债务人的付款责任所构成的担保。

虽然各种担保方式在运用的过程中对担保人的影响实质是相同的，但由于三种担保方式的作用机理不同而导致了对贷款人的贷款风险影响程度的不同，从而影响到贷款人对借款人的贷款条件。物的担保的作用机理在于，它使得保障债权实现的责任财产特定化，直接表现为银行对企业财产的部分控制，当债务人不履行债务时，债权人可就供作担保的特定财产的变现价值优先于普通债权人受偿或者直接取得担保物的所有权等权利以抵偿债权。这些物的担保权的设立，使得债权人就特定的担保财产取得了定限性担保物权，其具有远远比债权强大的物权效力，对债权的实现提供了可靠的保障。而法人担保的作用机理却是不相同的，它不像物的担保那样，对债权的实现赋予特定的财产为保障，它只是约定在债务人不能到期履行债务时，由第三人履行债务或者承担责任，而第三人是否有能力履行债务仍然存在着不确定性，是一种间接的以担保人为主的担保方式。因此，这样看来，法人担保并不是一种可靠的担保，因为当债权到期时，债权人很可能遭遇主债务人及保证人两者均处于不能给付的状况。

因此，与法人担保相比，物的担保是一种更高程度的担保方式，对银行债权的保护更加直接。如果借款人在债务契约中选择了抵押等物的担保的方式，而不是保证这种法人担保的方式，那么贷款人的贷款投资会得到一种更加安全的保证，筛选机制理论认为担保的程度越高，就会传递出借款人具有越高的质量和越低违约风险的信号，所以相对于法人担保的贷款人，物的担保的贷款人对会计稳健性的需求更少。

6.2.2 研究假设

由以上的理论分析可知，债务契约中的担保条款传递了一种借款人具有较高质量和较低违约风险的信号，会导致贷款人放松对借款人违约风险的关注，因此就降低了对借款人会计稳健性的需求。同时，由于贷款人对不同性质的企业违约风险的关注程度不同，因此导致了会计稳健性对贷款担保的替代补充效果在国有控股的企业和非国有控股的企业之间存在差异，对于国有控股的企业来说，会计稳健性对贷款担保的替代补充效果更弱一些。因此我们得出假设 H6 - 1 和假设 H6 - 2：

H6 - 1a：企业有担保的借款在外部借款中的比例越高，企业的会计信息越不稳健；

H6 - 1b：企业的信用借款在外部借款中的比例越高，企业的会计信息越稳健；

H6 - 2：与非国有企业相比，国有企业的贷款担保与会计稳健性之间的负相关关系更弱。

此外，就担保方式而言，由于物的担保是一种比法人担保更高程度的保证方式，因此，选择抵押、质押等担保方式的借款人比选择保证担保方式的借款人向贷款人传递了一种更高质量和更低违约风险的信号，导致贷款人降低了对抵押贷款的借款人更低的会计稳健性需求。由此，我们得到假设 H6 - 3：

H6 - 3：与保证方式相比，以抵押和质押方式担保的借款与会计稳健性之间的负相关关系更强。

6.3　研究设计

6.3.1　数据和样本

与第 4 章一样，本章研究所需要的数据也都来自国泰安经济金融研究数据库（CSMAR），主要是中国上市公司财务报表数据库、中国上市公司财务报表附注数据库和中国上市公司股东研究数据库。有关上市公司实际控制人信息的数据则来自色诺芬上市公司治理结构数据库（CCER）。在选取样本的过程中，本章同样剔除了在计算模型中的现金流量和应计金额缺失数据的样本、没有最终控制人和最终控制人性质不能够确定的样本、金融类上市公司和没有贷款余额的样本观测值，最后还同样剔除了异常值的样本观测值，在对样本进行处理后共得到 4004 个样本观测值。

6.3.2　模型和变量

在本章我们仍然使用 Ball 和 Shivakumar（2005，2006）的应计—

现金流模型来估计样本企业会计信息的稳健性。由于本章是研究贷款担保对企业会计稳健性的影响，因此，我们在模型中加入了与贷款担保有关的变量，其他各变量的定义仍然与第4、第5章中变量的定义相同，具体见表4－2。

我们共引入了几个与贷款担保有关的变量，分别是担保借款的比例（COLOAN）、信用借款的比例（CRLOAN）、抵押和质押借款的比例（MLOAN）、保证借款的比例（GLOAN）、抵押和质押借款与保证借款的比值（MG）①。我们对这四个变量的定义分别是：用企业有担保（包括物的担保和法人担保）的借款在外部借款中所占的比例来定义担保借款的比例（COLOAN），用企业的信用借款在外部借款中所占的比例来定义信用借款的比例（CRLOAN），用企业以抵押方式和质押方式担保的借款在外部借款中所占的比例来定义抵押和质押借款的比例（MLOAN），用企业以保证方式担保的借款在外部借款中所占的比例来定义保证借款的比例（GLOAN），用企业以抵押和质押方式担保的借款与企业以保证方式担保的借款之间的相对比值来定义抵押和质押借款与保证借款的比值（MG）。在定义上述与贷款担保有关的变量时，之所以使用连续变量而不使用二分变量，主要是考虑到使用连续变量允许我们捕捉到包含在担保贷款数量中的任何信息。

$$
\begin{aligned}
ACC_t = {} & \varphi_0 + \varphi_1 DCFO_t + \varphi_2 CFO_t + \varphi_3 DCFO_t \times CFO_t + \varphi_4 COLOAN_t \\
& + \varphi_5 COLOAN_t \times DCFO_t + \varphi_6 COLOAN_t \times CFO_t \\
& + \varphi_7 COLOAN_t \times DCFO_t \times CFO_t + \varphi_8 SIZE_t \times DCFO_t \times CFO_t \\
& + \varphi_9 LEV_t \times DCFO_t \times CFO_t + \varphi_{10} MB_t \times DCFO_t \times CFO_t + \varepsilon_t
\end{aligned}
\tag{6-1}
$$

① 由于该变量计算的前提是保证借款不为0，因此当在模型中引入该变量时，样本量就会减少，只会保留有保证借款的样本量。

$$
\begin{aligned}
ACC_t = {} & \varphi_0 + \varphi_1 DCFO_t + \varphi_2 CFO_t + \varphi_3 DCFO_t \times CFO_t + \varphi_4 CRLOAN_t \\
& + \varphi_5 CRLOAN_t \times DCFO_t + \varphi_6 CRLOAN_t \times CFO_t \\
& + \varphi_7 CRLOAN_t \times DCFO_t \times CFO_t + \varphi_8 SIZE_t \times DCFO_t \times CFO_t \\
& + \varphi_9 LEV_t \times DCFO_t \times CFO_t + \varphi_{10} MB_t \times DCFO_t \times CFO_t + \varepsilon_t
\end{aligned} \tag{6-2}
$$

$$
\begin{aligned}
ACC_t = {} & \varphi_0 + \varphi_1 DCFO_t + \varphi_2 CFO_t + \varphi_3 DCFO_t \times CFO_t + \varphi_4 MLOAN_t \\
& + \varphi_5 MLOAN_t \times DCFO_t + \varphi_6 MLOAN_t \times CFO_t \\
& + \varphi_7 MLOAN_t \times DCFO_t \times CFO_t + \varphi_8 GLOAN_t \\
& + \varphi_9 GLOAN_t \times DCFO_t + \varphi_{10} GLOAN_t \times CFO_t \\
& + \varphi_{11} GLOAN_t \times DCFO_t \times CFO_t + \varphi_{12} SIZE_t \times DCFO_t \times CFO_t \\
& + \varphi_{13} LEV_t \times DCFO_t \times CFO_t + \varphi_{14} MB_t \times DCFO_t \times CFO_t + \varepsilon_t
\end{aligned} \tag{6-3}
$$

$$
\begin{aligned}
ACC_t = {} & \varphi_0 + \varphi_1 DCFO_t + \varphi_2 CFO_t + \varphi_3 DCFO_t \times CFO_t + \varphi_4 MG_t \\
& + \varphi_5 MG_t \times DCFO_t + \varphi_6 MG_t \times CFO_t + \varphi_7 MG_t \times DCFO_t \times CFO_t \\
& + \varphi_8 SIZE_t \times DCFO_t \times CFO_t + \varphi_9 LEV_t \times DCFO_t \times CFO_t \\
& + \varphi_{10} MB_t \times DCFO_t \times CFO_t + \varepsilon_t
\end{aligned} \tag{6-4}
$$

6.4　实证结果与分析

6.4.1　描述性统计分析

在表 6－1 的 Panel A 部分我们提供了全样本企业的描述性统计结果，应计项目的平均值和中位数分别是 0.108 和 0.037，经营活动现金流量的平均值和中位数分别是 －0.092 和 －0.015。担保借款在外部借款中所占比例的平均值和中位数分别是 0.55 和 0.617，说明我国上市公司的外部借款中，大约有 55% 的外部借款都由企业提供了担保（包括抵押、质押和保证等担保方式）。而信用借款在外部借款中所占比例的平均值和中位数分别是 0.224 和 0.014，说明我国上市公司的外部借款中大约有22.4%的借款是信用借款。抵押和质押借款在外部借款中所占比例的平均值和中位数分别是 0.262 和 0.125，保证借款在外部借款中所占比例的平均值和中位数分别是 0.291 和 0.148，这说明在我国上市公司为外部借款所提供的担保中，虽然以保证方式为主的法人担保是最主要的担保方式，然而以抵押和质押方式为主的物的担保也是我国上市公司所采用的重要担保方式。此外，抵押和质押借款与保证借款的比值的平均数是 1.345，中位数是 0.35，最大值是 9.318，说明平均来说，我国上市公司抵押和质押借款的总额是大于保证借款的总额的，在差距最大的情况下，抵押和质押借款总额是保证借款总额的将近 10 倍。

表 6-1　　样本企业的描述性统计结果

Panel A：全样本的描述性统计分析结果

变量	样本量	均值	标准差	中位数	最小值	最大值
ACC	4161	0.108	0.437	0.037	-0.865	2.73
CFO	4161	-0.092	0.456	-0.015	-3.11	0.755
COLOAN	4261	0.55	0.394	0.617	0	1
CRLOAN	4291	0.224	0.322	0.014	0	1
MLOAN	4291	0.262	0.314	0.125	0	1
GLOAN	4298	0.291	0.33	0.148	0	1
MG	2637	1.345	2.378	0.35	0	9.318
SIZE	4450	21.503	1.344	21.425	10.842	28.003
LEV	4419	0.243	0.602	0.204	0	25.7
MB	4431	2.83	2.392	2.133	0.829	16.464

Panel B：分样本的描述性统计分析结果

	国有企业			非国有企业			是否存在显著差异	
变量	均值	中位数	标准差	均值	中位数	标准差	Z 值	P 值
ACC	0.118	0.039	0.428	0.092	0.034	0.45	-1.799*	0.072
CFO	-0.101	-0.016	0.449	-0.078	-0.012	0.466	2.105**	0.035

续表

Panel B：分样本的描述性统计分析结果								
	国有企业			非国有企业			是否存在显著差异	
变量	均值	中位数	标准差	均值	中位数	标准差	Z 值	P 值
COLOAN	0.512	0.547	0.39	0.613	0.737	0.39	8.403***	0.000
CRLOAN	0.283	0.113	0.343	0.133	0	0.261	-16.833***	0.000
MLOAN	0.226	0.083	0.292	0.32	0.213	0.337	8.589***	0.000
GLOAN	0.289	0.153	0.328	0.294	0.145	0.332	0.018	0.986
MG	1.213	0.28	2.269	1.58	0.48	2.57	5.26***	0.000
SIZE	21.843	21.703	1.306	20.964	20.959	1.221	-21.547***	0.000
LEV	0.224	0.209	0.165	0.273	0.196	0.945	-3.006***	0.003
MB	2.464	1.925	1.898	3.407	2.466	2.919	13.756***	0.000
样本量	4004			2486			1518	

注：* 表示在 10% 的水平上显著，** 表示在 5% 的水平上显著，*** 表示在 1% 的水平上显著。

表 6-1 的 Panel B 部分分别报告了国有企业和非国有企业的描述性统计结果。我们从中发现了一些有趣的现象，相比而言，国有企业有担保的借款在外部借款中的比例比非国有企业偏低（51.2% vs. 61.3%），大约低 10 个百分点，这说明相对于非国有企业，国有企业被贷款人看作是风险较小的客户。但国有企业信用借款的比例却比非国有企业信用借款的比例要高一些，国有上市公司信用借款的比例平均是 28.3%，而非国有上市公司信用借款的比例平均是 13.3%，国有上市公司信用借款的比例是非国有上市公司信用借款的比例的一倍还要多。在担保借款中，国有上市公司抵押和质押借款的比例比非国有上市公司抵押和质押借款的比例要低一些，大约低 10 个百分点，但国有上市公司和非国有上市公司保证借款的比例之间的差距却不是很大，国有上市公司大约有 28.9% 的保证借款，而非国有上市公司大约有 29.4% 的保证借款。

我们在表 6-1 Panel B 的第三栏又对国有企业组和非国有企业组

进行了曼—怀氏（Mann - Whitney）z检验，检验国有企业组和非国有企业组的各变量值是否存在显著差异。检验结果表明，除了保证借款在外部借款中所占的比例（GLOAN）之外，国有企业的其他各变量均存在显著的差异。

6.4.2 假设H6-1的实证结果与分析

表6-2报告了假设H6-1的主要检验结果，其中Panel A报告了使用模型（6-1）对假设H6-1a进行检验的结果，Panel B报告了使用模型（6-2）对假设H6-1b进行检验的结果。我们先看Panel A中对假设H6-1a的检验结果，检验结果表明，在无控制变量的模型中，经营活动现金流量CFO的系数显著为负（$\varphi_2 = -1.035$，$t = -45.63$），这个结果与应计能够缓和经营活动现金流的噪音是一致的。DCFO×CFO的系数显著为正（$\varphi_3 = 0.153$，$t = 6.58$），表明企业通过应计确认未实现损失比确认未实现收益更为及时，即样本企业存在会计稳健性。COLOAN×DCFO×CFO的系数显著为负（$\varphi_7 = -0.346$，$t = -5.39$），说明企业有担保的借款在外部借款中所占的比例越高，企业的会计信息越不稳健，贷款担保降低了企业的会计稳健性，假设H6-1a得以验证。当我们在模型中加入控制变量之后，经营活动现金流量CFO的系数仍然显著为负（$\varphi_2 = -1.031$，$t = -45.82$），DCFO×CFO的系数仍然显著为正（$\varphi_3 = 0.14$，$t = 6.04$），COLOAN×DCFO×CFO的系数仍然显著为负（$\varphi_7 = -0.307$，$t = -4.85$），即贷款担保降低了企业的会计稳健性。控制变量的结果是企业规模与会计稳健性呈反向关系（$\varphi_8 = -0.001$，$t = -6.44$），负债水平与会计稳健性呈正向关系（$\varphi_9 = 0.017$，$t = 12.43$），市场—账面价值比率与会计稳健性之间却呈现出显著的正向关系（$\varphi_{10} = 0.01$，$t = 4.33$）。

表 6-2　　借款担保与会计稳健性的实证检验结果

Panel A：使用模型（6-1）的回归分析结果

变量（系数）	预期符号	无控制变量		加控制变量	
		系数	T 值	系数	T 值
INTERCEPT（φ_0）	?	0.042	8.12***	0.041	8.12***
DCFO（φ_1）	?	0.019	2.99***	0.019	3***
CFO（φ_2）	-	-1.035	-45.63***	-1.031	-45.82***
DCFO×CFO（φ_3）	+	0.153	6.58***	0.14	6.04***
COLOAN（φ_4）	?	-0.036	-3.97***	-0.035	-3.94***
COLOAN×DCFO（φ_5）	?	-0.048	-4.22***	-0.046	-4.04***
COLOAN×CFO（φ_6）	?	0.095	1.6	0.09	1.53
COLOAN×DCFO×CFO（φ_7）	-	-0.346	-5.39***	-0.307	-4.85***
SIZE×DCFO×CFO（φ_8）	-			-0.001	-6.44***
LEV×DCFO×CFO（φ_9）	+			0.017	12.43***
MB×DCFO×CFO（φ_{10}）	+			0.01	4.33***

Panel B：使用模型（6-2）的回归分析结果

变量（系数）	预期符号	无控制变量		加控制变量	
		系数	T 值	系数	T 值
INTERCEPT（φ_0）	?	0.026	7.69***	0.026	7.76***
DCFO（φ_1）	?	-0.007	-1.52	-0.009	-1.9*
CFO（φ_2）	-	-1.009	-36.52***	-1.006	-36.38***
DCFO×CFO（φ_3）	+	0.089	5.39***	0.078	4.78***
CRLOAN（φ_4）	?	-0.008	-3.43***	-0.008	-3.52***
CRLOAN×DCFO（φ_5）	?	0.066	8.94***	0.066	9.17***
CRLOAN×CFO（φ_6）	?	-0.001	-1.27	-0.001	-1.32
CRLOAN×DCFO×CFO（φ_7）	+	0.011	1.8*	0.02	3.16***
SIZE×DCFO×CFO（φ_8）	-			-0.001	-7.46***
LEV×DCFO×CFO（φ_9）	+			0.018	12.99***
MB×DCFO×CFO（φ_{10}）	+			0.012	5.32***

注：* 表示在 10% 的水平上显著，** 表示在 5% 的水平上显著，*** 表示在 1% 的水平上显著。

模型（6－1）：$ACC_t = \varphi_0 + \varphi_1 DCFO_t + \varphi_2 CFO_t + \varphi_3 DCFO_t \times CFO_t + \varphi_4 COLOAN_t + \varphi_5 COLOAN_t \times DCFO_t + \varphi_6 COLOAN_t \times CFO_t + \varphi_7 COLOAN_t \times DCFO_t \times CFO_t + \varphi_8 SIZE_t \times DCFO_t \times CFO_t + \varphi_9 LEV_t \times DCFO_t \times CFO_t + \varphi_{10} MB_t \times DCFO_t \times CFO_t + \varepsilon_t$

模型（6－2）：$ACC_t = \varphi_0 + \varphi_1 DCFO_t + \varphi_2 CFO_t + \varphi_3 DCFO_t \times CFO_t + \varphi_4 CRLOAN_t + \varphi_5 CRLOAN_t \times DCFO_t + \varphi_6 CRLOAN_t \times CFO_t + \varphi_7 CRLOAN_t \times DCFO_t \times CFO_t + \varphi_8 SIZE_t \times DCFO_t \times CFO_t + \varphi_9 LEV_t \times DCFO_t \times CFO_t + \varphi_{10} MB_t \times DCFO_t \times CFO_t + \varepsilon_t$

我们先看 Panel B 中对假设 H6－1b 的检验结果，检验结果表明，同使用模型（6－1）的回归结果一致，经营活动现金流量 CFO 的系数仍显著为负，加入控制变量前显著为－1.009，加入控制变量之后显著为－1.006。DCFO × CFO 的系数在加入控制变量前后均显著为正，加入控制变量前显著为 0.089，加入控制变量之后显著为 0.078。CRLOAN × DCFO × CFO 的系数在加入控制变量前后均显著为正，加入控制变量前显著为 0.011，加入控制变量之后显著为 0.02，表明样本企业信用借款的比例越高，企业的会计稳健性越高，假设 H6－1b 得以验证。由于有担保的借款和信用借款是相对的，因此该结果从另一个角度又支持了假设 H6－1a。

6.4.3 假设 H6－2 的实证结果与分析

表 6－3 报告了假设 H6－2 的主要检验结果，所使用的模型仍然是模型（6－1）。为了检验假设 H6－2，我们将样本分为国有企业和非国有企业分别利用模型（6－1）进行检验。实际上，对假设 H6－2

的检验还存在另一种方法，即在模型（6－2）中加入一个四项交互变量，即 SOE × COLOAN × DCFO × CFO，如果该四项交互变量的系数显著为正，说明对国有企业来说有担保的贷款在外部借款中所占的比例与会计稳健性的负向关系更弱，假设 H6－2 成立。由于该方法需要将 SOE 与原模型（6－1）中的每个解释变量都要进行交互，因此使用该方法存在一个弊端就是结果会导致多重共线性比较严重，因此本章在检验时没有使用该方法，而是选择了分样本进行检验。

表 6－3　　贷款担保、国有产权与会计稳健性的实证检验结果

变量（系数）	预期符号	国有企业		非国有企业	
		系数	T 值	系数	T 值
INTERCEPT（φ_0）	?	0.044	7.7***	0.03	2.88***
DCFO（φ_1）	?	0.009	1.28	0.042	3.26***
CFO（φ_2）	－	－1.005	－33.91***	－1.038	－28.86***
DCFO × CFO（φ_3）	+	0.067	2.16**	0.159	4.27***
COLOAN（φ_4）	?	－0.04	－3.8***	－0.02	－1.18
COLOAN × DCFO（φ_5）	?	－0.033	－2.52**	－0.074	－3.53***
COLOAN × CFO（φ_6）	?	0.075	1.03	0.073	0.75
COLOAN × DCFO × CFO（φ_7）	－	－0.261	－3.32***	－0.315	－2.96***
SIZE × DCFO × CFO（φ_8）	－	－0.029	－3.81***	－0.0003	－1.74*
LEV × DCFO × CFO（φ_9）	+	0.049	2.94***	0.016	10.28***
MB × DCFO × CFO（φ_{10}）	+	0.002	3.29***	0.003	0.58

注：* 表示在 10% 的水平上显著，** 表示在 5% 的水平上显著，*** 表示在 1% 的水平上显著。

假设 H6－2 的检验结果表明，国有企业样本组和非国有企业样本组经营活动现金流量（CFO）的系数均仍然显著为负，国有企业组显著是－1.005，非国有企业组显著是－1.038；交互变量 DCFO × CFO 的系数均仍然显著为正，国有企业组显著是 0.067，非国有企业组显著是 0.159。交互变量 COLOAN × DCFO × CFO 的系数也都显著为负，但不同的是，国有企业组的显著是－0.261，非国有企业组的

显著是 -0.315，国有企业组明显大于非国有企业组，说明虽然有担保的借款在外部借款中所占比例越高，会计信息越不稳健性对两个样本组都成立，但是对国有企业样本来说，有担保的借款在外部借款中所占比例与会计稳健性的负向关系的程度更低，我们的假设 H6-2 得以验证。

6.4.4 假设 H6-3 的实证结果与分析

表 6-4 报告了假设 H6-3 的回归分析检验结果，其中，Panel A 是使用模型（6-3）进行检验的回归分析结果，Panel B 是使用模型（6-4）进行检验的回归分析结果。之所以使用两个不同的模型来检验假设 H6-3，主要是为了增强论证的说服力，当这两个模型的结论相互印证时，结论就会有更强的说服力。

表 6-4　　担保的方式与会计稳健性的实证检验结果

Panel A：使用模型（6-3）的回归分析结果

变量（系数）	预期符号	无控制变量		加控制变量	
		系数	T 值	系数	T 值
INTERCEPT（φ_0）	?	0.042	8.85***	0.042	8.98***
DCFO（φ_1）	?	0.015	2.46**	0.014	2.4**
CFO（φ_2）	-	-1.044	-51.31***	-1.042	-51.75***
DCFO × CFO（φ_3）	+	0.154	7.36***	0.144	6.92***
MLOAN（φ_4）	?	-0.06	-4.01***	-0.061	-4.1***
MLOAN × DCFO（φ_5）	?	-0.04	-2.14**	-0.037	-1.97**
MLOAN × CFO（φ_6）	?	0.291	2.02**	0.291	2.05**
MLOAN × DCFO × CFO（φ_7）	-	-0.538	-3.38***	-0.492	-3.14***
GLOAN（φ_8）	?	-0.036	-2.94***	-0.036	-3.02***
GLOAN × DCFO（φ_9）	?	-0.041	-2.6***	-0.038	-2.49**
GLOAN × CFO（φ_{10}）	?	0.146	1.43	0.147	1.47

续表

Panel A：使用模型（6-3）的回归分析结果					
变量（系数）	预期符号	无控制变量		加控制变量	
		系数	T 值	系数	T 值
GLOAN × DCFO × CFO（φ_{11}）	-	-0.471	-4.2***	-0.448	-4.07***
SIZE × DCFO × CFO（φ_{12}）	-			-0.001	-6.42***
LEV × DCFO × CFO（φ_{13}）	+			0.017	12.76***
MB × DCFO × CFO（φ_{14}）	+			0.009	4.24***

Panel B：使用模型（6-4）的回归分析结果					
变量（系数）	预期符号	无控制变量		加控制变量	
		系数	T 值	系数	T 值
INTERCEPT（φ_0）	?	0.017	3.73***	0.017	3.77***
DCFO（φ_1）	?	0.013	2.37**	0.013	2.34**
CFO（φ_2）	-	-0.973	-42.5***	-0.973	-42.63***
DCFO × CFO（φ_3）	+	0.045	1.88*	0.053	2.16**
MG（φ_4）	?	-0.008	-4.11***	-0.009	-4.32***
MG × DCFO（φ_5）	?	0.0001	0.03	-0.0003	-0.05
MG × CFO（φ_6）	?	0.105	2.68***	0.112	2.86***
MG × DCFO × CFO（φ_7）	+	-0.145	-3.01***	-0.157	-3.27***
SIZE × DCFO × CFO（φ_8）	-			-0.002	-3.62***
LEV × DCFO × CFO（φ_9）	+			0.063	3.26***
MB × DCFO × CFO（φ_{10}）	+			0.027	3.84***

注：* 表示在 10% 的水平上显著，** 表示在 5% 的水平上显著，*** 表示在 1% 的水平上显著。

模型（6-3）：
$$ACC_t = \varphi_0 + \varphi_1 DCFO_t + \varphi_2 CFO_t + \varphi_3 DCFO_t \times CFO_t + \varphi_4 MLOAN_t + \varphi_5 MLOAN_t \times DCFO_t + \varphi_6 MLOAN_t \times CFO_t + \varphi_7 MLOAN_t \times DCFO_t \times CFO_t + \varphi_8 GLOAN_t + \varphi_9 GLOAN_t \times DCFO_t + \varphi_{10} GLOAN_t \times CFO_t + \varphi_{11} GLOAN_t \times DCFO_t \times CFO_t$$

$$+\varphi_{12}SIZE_t\times DCFO_t\times CFO_t$$
$$+\varphi_{13}LEV_t\times DCFO_t\times CFO_t$$
$$+\varphi_{14}MB_t\times DCFO_t\times CFO_t+\varepsilon_t$$

模型（6－4）：
$$ACC_t=\varphi_0+\varphi_1 DCFO_t+\varphi_2 CFO_t+\varphi_3 DCFO_t\times CFO_t$$
$$+\varphi_4 MG_t+\varphi_5 MG_t\times DCFO_t$$
$$+\varphi_6 MG_t\times CFO_t+\varphi_7 MG_t\times DCFO_t$$
$$\times CFO_t+\varphi_8 SIZE_t\times DCFO_t\times CFO_t$$
$$+\varphi_9 LEV_t\times DCFO_t\times CFO_t$$
$$+\varphi_{10}MB_t\times DCFO_t\times CFO_t+\varepsilon_t$$

我们先看 Panel A 中使用模型（6－3）的回归分析结果。检验结果显示，不管是否加入控制变量，与前面的回归分析结果一致，经营活动现金净流量的系数均显著为负，无控制变量时显著为－1.044，加入控制变量后显著为－1.042，交互变量 DCFO × CFO 的系数均显著为正，无控制变量时显著为0.154，加入控制变量后显著为0.144。我们主要关注的是交互变量 MLOAN × DCFO × CFO 和 GLOAN × DCFO × CFO 的系数，比较有趣的是，虽然检验结果表明交互变量 MLOAN × DCFO × CFO 和 GLOAN × DCFO × CFO 的系数不管是在加入控制变量前还是在加入控制变量之后均显著为负，然而交互变量 MLOAN × DCFO × CFO 的系数要明显小于交互变量 GLOAN × DCFO × CFO 的系数，加入控制变量前 MLOAN × DCFO × CFO 的系数显著为－0.538，而 GLOAN × DCFO × CFO 的系数显著为－0.471，加入控制变量后 MLOAN × DCFO × CFO 的系数显著为－0.492，而 GLOAN × DCFO × CFO 的系数显著为－0.448。这说明不同的担保方式对企业会计稳健性的影响是不同的，与保证的担保方式（属于法人担保）相比，抵押和质押（属于物的担保）的担保方式与企业会计稳健性的负向关系更为明显，原因就在于选择抵押、质押等担保方式的借款人比选择保证担保方式的借款人向贷款人传递了一种更高质量和更低违约风险的信号，导致贷款人降低了对抵押贷款的借款人更低的会计稳健性需求。对于控制变量的系数，与预期的一致，企业规模与会计稳健性呈现出显著的负向关系（$\varphi_8 = -0.001$，$t = -6.42$），而负债水平和市场—账面价值比率与会计稳健性呈现出显著的正向关系（$\varphi_9 = 0.017$，$t = 12.76$，$\varphi_{10} = 0.009$，$t = 4.24$）。

我们先看 Panel B 中使用模型（6－3）的回归分析结果。检验结果显示，不管是否加入控制变量，与前面的回归分析结果一致，经营活动现金净流量的系数均显著为负，加入控制变量前后均显著为 －0.973，交互变量 DCFO × CFO 的系数均显著为正，无控制变量时显著为 0.045，加入控制变量后显著为 0.053。我们主要关注的是交互变量 MG × DCFO × CFO 的系数，与预期的一致，回归结果显示该系数显著为负，加入控制变量前显著为 －0.145，加入控制变量后显著为 －0.157。即表明企业物的担保与法人担保之间的比值越大，企业的会计信息越不稳健，这实际上从另一个角度支持了我们的假设，即与保证的担保方式（属于法人担保）相比，抵押和质押（属于物的担保）的担保方式与企业会计稳健性的负向关系更为明显。

6.5　本章小结

本章研究了基于贷款担保的银企关系与借款公司会计稳健性。由于贷款担保降低了借款人违约的风险，因此就会放松贷款人对借款人违约风险的关注，从而降低贷款人的会计稳健性需求。此外，由于不同担保方式的作用机理不相同，导致了不同的担保方式对贷款人的贷款风险影响程度的不同。对贷款人来说，以抵押和质押为代表的物的担保比保证等法人担保具有更低的风险，由于降低了违约风险，抵押和质押的担保方式可能会使得贷款人对借款企业有较低的会计稳健性需求。本章基于这些假设，检验了贷款担保和担保的方式等债务契约条款对借款人会计信息稳健性的影响。研究结果发现，企业有担保的借款在外部借款中所占的比例越高，企业的会计信息越不稳健，贷款担保降低了企业的会计稳健性，加入控制变量之后的结果仍然保持不变。此外，企业信用借款在外部借款中的比例越高，企业的会计信息越稳健，这是贷款担保降低企业会计稳健性的另一个角度的证据。研究还发现，虽然有担保的借款在外部借款中所占比例越高，会计信息越不稳健性对两个样本组都成立，但是与非国有企业相比，国有企业有担保的借款在外部借款中所占比例与会计稳健性的负向关系更弱。进一步的研究发现，不同的担保方式对企业会计稳健性的影响是不同的，与保证的担保方式（属于法人担保）相比，抵押和质押（属于物的担保）的担保方式与企业会计稳健性的负相关关系更强，原因就在于选择抵押、质押等担保方式的借款人比选择保证担保方式的借款人向贷款人传递了一种更高质量和更低违约风险的信号，导致贷款人降低了对抵押贷款的借款人更低的会计稳健性需求。

第7章 研究结论、研究启示与未来的研究方向

7.1 主要研究结论

使用中国上市公司做样本，本书从产权安排、长期借贷关系和贷款担保三个视角检验了银企关系在债务治理作用于借款企业会计稳健性的过程中所发挥的作用。研究得出了以下几个方面的结论。

第一，实证分析发现，与已有的研究结论一致，应计项目确实能够缓和经营活动现金流量的噪音，也发现了稳健性在我国上市公司中存在的证据，即企业通过应计确认未实现损失比确认未实现收益更为及时。与假设一致，研究发现国有企业和非国有企业的会计稳健性之间存在显著的差异，非国有企业的会计信息更加稳健，加入控制变量之后得出的结果和进行分样本检验的结果是一致的。研究还发现，从国有银行取得贷款的比例越高，企业的会计信息越不稳健，从国有银行借款降低了企业的会计稳健性。进一步的研究发现，国有政策性银行比国有商业性银行对会计稳健性有更低的需求，表现在与商业性国有银行相比，企业从政策性国有银行取得贷款的比例与会计稳健性的负相关关系更强。加入控制变量之后和用其他模型进行检验的结果均支持了上述发现。

第二，研究结果表明，企业长期借款在外部借款中的比例越高，企业的会计信息越不稳健，说明长期借贷关系降低了企业的会计稳健性，在加入控制变量之后得到了一致的结论。此外，研究还发现，与非国有企业相比，国有企业的长期借款在外部借款中所占的比例与会计稳健性的负相关关系更弱，说明长期借贷关系对企业会计稳健性的影响受到国家所有权安排的影响和制约。

第三，研究发现，企业有担保的借款在外部借款中所占的比例越高，企业的会计信息越不稳健，贷款担保降低了企业的会计稳健性，加入控制变量之后的结果仍然保持不变。此外，企业信用借款在外部借款中的比例越高，企业的会计信息越稳健，这是贷款担保降低企业会计稳健性的另一个角度的证据。研究还发现，虽然有担保的借款在外部借款中所占比例越高，会计信息越不稳健性对两个样本组都成立，但是与非国有企业相比，国有企业有担保的借款在外部借款中所占比例与会计稳健性的负相关关系更弱一些。进一步的研究发现，不同的担保方式对企业会计稳健性的影响是不同的，与保证的担保方式（属于法人担保）相比，抵押和质押（属于物的担保）的担保方式与企业会计稳健性的负向关系更为明显，原因就在于选择抵押、质押等担保方式的借款人比选择保证担保方式的借款人向贷款人传递了一种更高质量和更低违约风险的信号，导致贷款人降低了对抵押贷款的借款人更低的会计稳健性需求。

尽管我们对上述研究结果做出了尽可能的解释，并控制了预期会影响贷款人会计稳健性需求的各种企业特征，但预期仍然会有一些不可量化的系统的偏差会影响我们对这些实证结果的支持，如货币政策波动等宏观经济因素的影响，因此对于上述得出的研究结果我们要持一种谨慎的看法。

7.2　本书的主要贡献

本书的研究主要有以下两个方面的贡献。

第一，已有的研究主要集中于借款人的特征和贷款人对会计稳健性的需求之间的关系上（如孙铮等，2005；朱凯、陈信元，2006；刘运国等，2010），本书通过检验贷款人的所有权特征如何影响会计稳健性补充了已有的这些文献。本书主要集中于中国的制度背景下，从债务契约安排的双方研究了不同的借款人和贷款人所有权特征所形成的不同的银企关系如何影响借款企业的会计稳健性，尤其检验了借款人和贷款人的国家所有权对借款企业会计稳健性的影响。在已有的财务文献中出现了不少研究国家所有权与企业业绩或银行业绩的文献，在已有的会计文献中也出现了不少研究国家所有权与审计师选择、审计质量等的文献，本书则提供了借款企业和银行的国家所有权与会计稳健性之间关系的证据。

第二，虽然已经有大量的文献从不同的方面研究了会计稳健性，但检验债务契约条款和会计稳健性之间的直接联系的文献却比较少，尤其是债务担保条款和会计稳健性之间的联系，文献中鲜有涉及。不同于已有的检验债务契约条款和会计稳健性之间的直接联系的文献，我们的研究发现了贷款中对担保的使用与借款企业会计稳健性的关系，得到贷款担保能够降低贷款人对借款企业会计稳健性需求的结论。通过进一步的分析，我们还发现了贷款担保的方式也会影响借款企业的会计稳健性需求，对已有的研究有了新的突破。

总之，本书的研究拓展了有关会计稳健性的债务契约解释的文献。

7.3 研究启示与政策建议

本书在我国银行业体制改革和国有企业改革取得一定成果的背景下展开研究，从不同的角度论证了企业的银行借款对会计稳健性的约束作用。研究也得出了一些比较有价值的研究结论，在此提出本书的研究启示和相应的政策建议。

首先，研究得出了银行和借款企业的国家所有权均会降低银行对借款企业的会计稳健性需求的结论，也就是说，国有产权在银行借款对借款企业会计稳健性的约束作用中没有起到积极的作用，从而降低了借款企业会计信息的质量。鉴于此，本书认为政府应当进一步推动企业和银行的产权制度改革。虽然在已有的研究中，关于是否对国有企业进行产权改革的争论由来已有。例如，张五常（2004）认为，国有企业的低效率是内在的、固有的，是由国家作为企业所有者这种外生制度安排所决定的；张维迎（2000）也认为产权改革是国有企业改革的关键。当然，我国国有企业和国有银行的产权制度改革早已开始实施，也取得了一定的改革成效，但是距建立比较完善的社会主义市场经济体制的目标还有很大差距，一些深层次的矛盾并未解决，致使这些未解决的矛盾从大的方面来讲阻碍了市场经济的发展，从小的方面来讲不利于企业经营目标的实现。政府应当采取积极的措施进一步推动国有银行和企业的产权制度改革，逐步改善企业预算软约束的经营环境，这样才能从根本上解决所有权不平等所带来的一切问题，有助于银行资产质量的提高和企业会计信息质量的提高。具体来说，要变革国有企业的产权，可以通过将国家所有权逐步转变成私有产权的方式，也可以通过实行有效的公司治理结构来确保国有产权的充分利用。社会主义市场经济不应当仅仅建立在国有经济的基础之上，还要依靠私有经济的力量促进社会财富的增长。除了关系到国民经济命脉的领域和提供社会公共产品的领域，其他行业都可以允许私有产权与国有产权并存，引入私有产权必然会引致行业的竞争从而提高企业的生产效率。实行有效的公司治理结构，让经营管理者有资格获取企业部分的剩余索取权和控制权，从而确保企业产权的充分利用，这也是改革国有企业产权的一种方式。对于国有银行的产权制度改革，笔者认为应当采取一种逐步改革的方式，一下子将国家绝对控股的国有银行转变为产权多元化的银行是不可能的。目前我国绝大多数的商业银行仍然是国家绝对控股的，改革的方式可以将其先转变为国家相对控股的国有银行，再逐步转变成国家参股的所有权多元化的商业银行。

其次，政府应当减少对银行尤其是国有银行的贷款行为的干预。袁淳等（2010）提供的证据表明，由于政府的干预，国有公司可以获得更多的长期贷款。而本书认为政府对长期贷款的干预很可能会削弱银行借款对借款企业会计稳健性的积极影响。因此本书认为，政府应当减少对银行尤其是国有银行的贷款行为的干预，增强银行贷款决策的独立性。对于商业银行来说，可以通过改革银行的公司治理机制和转变商业银行的经营机制来缓解政府对银行贷款决策的干预。具体来说，在银行经营业务、行政管理和党务建设三个不同的方面，可以分别实行独立的管理和领导体系，也可以对内部的组织机构体系进行适当的调整和重新组合，这样不仅能够提高银行的经营效率，而且还可以约束外部人对银行贷款决策的干预。

再其次，应充分发挥银行在促使借款人会计信息质量提升中的重要作用，站在银行的角度，银行应当加强对国有企业贷款风险的控制力度，国有银行更应该对国有企业客户进行比较严格的风险管理。我国企业以银行借款为主的融资结构决定了债权人在借款企业会计稳健性提升中的主导作用。由于产权安排的不同，银行对国有企业的会计稳健性有较低的需求，因此降低了国有企业的会计稳健性。本书认为应该发挥银行在促使借款人会计信息质量提升中的重要作用，促进银行监督的治理效果。因此，站在银行的角度，银行应当加强对国有企业贷款风险的控制力度，国有银行更应该对国有企业客户进行比较严格的风险管理。

最后，完善债权人保护的法律制度和规则。债权人在提升借款企业会计信息质量中的作用已得到众多学者的普遍认可，本书的研究也得出了一些有价值的结论，以银行为代表的债权人确实可以通过债务契约的条款来影响债务人企业会计信息的稳健性。但是本书也认为债权人对借款企业会计信息质量提升中的作用的发挥是以破产机制的存在为前提的。而我国虽然对债务违约进行了一些法律规范，如已修正的《中华人民共和国公司法》于2006年实施，然而，在对债权人的契约权利的保护方面却并不是很完善，但是公司法对债权人利益的保护是一种滞后的保护，难以适应对债权人全面、积极的保护要求，因此国家立法机构需要进一步完善对债权人进行法律保护的制度和规则，促使债权人在提升借款企业会计信息质量中发挥更大的作用。

7.4 研究局限和未来的研究方向

7.4.1 研究局限

本书采用实证分析的研究方法对债务契约、银企关系对会计稳健性的约束作用进行了检验。由于在经济现实中，会计稳健性的影响因素的非常复杂的，不一定仅仅局限于企业规模、负债水平和市场—账面价值比率，可能还受到经济发展周期、利率波动、所在国所采用的财政政策和货币政策、政治成本等因素的影响。尽管在本书的主检验中控制了企业规模、负债水平和市场—账面价值比率的影响，但是由于难以量化和数据取得的困难，并没有控制住潜在的经济发展周期、利率波动、所在国所采用的财政政策和货币政策、政治成本等因素的影响，因此可能会存在遗漏变量的问题。

7.4.2 未来的研究方向

随着中国金融体制改革进程的加快，外资银行大量地进入中国，占据了中国的一部分市场，我国上市公司从外资银行和中国合资银行取得的贷款也不在少数。作为与国有产权完全不同的外资所有权银行，其在做出贷款决策时与国有银行存在许多不同的地方，导致了其对会计稳健性的需求可能有所不同。例如，Lin 和 Zhang（2009）发现中外合资银行和外商独资银行比内资银行表现出更好的长期业绩，具有外资所有权的银行比内资银行有更好的公司治理、更可能要求借款人提供高质量的、“硬”的信息（如财务信息）。因为外商投资者的逐利动机是非常强的，较小可能关注借款企业的“软”信息（如非财务信息）。因此，未来的研究可以考虑研究贷款人的外资所有权和借款人的会计稳健性之间的关系。

参考文献

[1] 财政部．企业会计准则．经济科学出版社，2006.

[2] 陈建勇，王东静，张景青．公司债务期限结构与投资效率．数量经济技术经济研究，2009（4）：80－92.

[3] 陈旭东，黄登仕．企业生命周期、应计特征与会计稳健性．中山大学，2007年会计与公司治理会议论文．2007.

[4] 迟旭升，洪庆彬．新会计准则下会计盈余稳健性研究——来自深市A股上市公司的经验证据．东北财经大学学报，2009（3）：22－27.

[5] 窦炜，刘星．债务杠杆、所有权特征与中国上市公司投资行为研究．经济与管理研究，2011（2）：33－45.

[6] 杜兴强，周泽将，修宗峰．政治联系与会计稳健性：基于中国民营上市公司的经验证据．经济管理，2009（7）：115－121.

[7] 何浚．上市公司治理结构的实证分析．经济研究，1998（5）：50－57.

[8] 何武新．债务契约与企业融资行为．西南财经大学博士学位论文，2006.

[9] 何贤杰，朱红军，陈信元．政府多重利益博弈下的银行信贷行为．上海财经大学：工作论文，2006.

[10] 胡奕明等．公司治理：大贷款人监督及其经济后果．深圳证券交易所综合研究所研究报告，2004.

[11] 胡奕明，谢诗蕾．银行贷款监督效应与贷款定价．管理世

界，2005（5）：27－36.

［12］黄乾富，沈红波．债务来源、债务期限结构与现金流的过度投资——基于中国制造业上市公司的实证证据．金融研究，2009（9）：143－155.

［13］姜国华，张然．稳健性与公允价值：基于股票价格反应的规范性分析．会计研究，2007（6）：20－26.

［14］江伟，李斌．制度环境、国有产权与银行差别贷款．金融研究，2006（11）：116－126.

［15］柯林·梅耶．市场经济和过度经济的企业治理机制，上海三联书店出版社，1996.

［16］李胜楠，牛建波．上市公司负债水平与投资支出关系的实证研究．证券市场导报，2005（3）：44－48.

［17］李维安．公司治理．南开大学出版社，2001.

［18］李远鹏．会计稳健性研究——基于中国的实证发现．复旦大学博士学位论文，2006.

［19］黎凯，叶建芳．财政分权下政府干预对债务融资的影响——基于转轨经济制度背景的实证分析．管理世界，2007（8）：23－34.

［20］林毅夫．充分信息与国企改革．上海人民出版社，1997.

［21］刘斌，徐先知．新会计准则国际趋同的效果研究——基于盈余稳健性视角的分析．财经论丛，2010（3）：78－84.

［22］刘星，杨亦民．融资结构对企业投资行为的影响——来自沪深股市的经验证据．预测，2006（3）：33－37.

［23］刘运国，吴小蒙，蒋涛．产权性质、债务融资与会计稳健性——来自中国上市公司的经验证据．会计研究，2010（1）：43－51.

［24］罗党论，刘璐．民营上市公司‘出身’、政治关系与债务融资．经济管理，2010（7）：112－119.

［25］罗党论，唐清泉．政府控制、银企关系与企业担保行为

研究——来自中国上市公司的经验证据．金融研究，2007（3）：151－161.

［26］毛新述．会计制度变迁、盈余稳健性的测定与经济后果研究．中国人民大学博士学位论文，2007.

［27］青木昌彦，钱颖一．转轨经济中的公司治理结构．中国经济出版社，1995.

［28］饶品贵，姜国华．货币政策波动、银行信贷与会计稳健性．金融研究，2011（3）：51－71.

［29］孙铮，刘凤委，汪辉．债务、公司治理与会计稳健性．中国会计与财务研究，2005（2）：112－173.

［30］唐建新，卢剑龙，余明桂．银行关系、政治联系与民营企业贷款——来自中国民营上市公司的经验证据．经济评论，2011（3）：51－59.

［31］陶晓慧，柳建华．会计稳健性、债务期限结构与债权人保护．山西财经大学学报，2010（4）：93－99.

［32］童盼．负债期限结构与企业投资规模——来自中国A股上市公司的经验研究．经济科学，2005（5）：93－101.

［33］童盼，陆正飞．负债融资、负债来源与企业投资行为．经济研究，2005（3）：75－84.

［34］童盼，陆正飞．负债融资对企业投资行为的影响研究．会计研究，2005（12）：71－76.

［35］童盼，支小强．股东—债权人利益冲突对企业投资行为的影响——基于中国上市公司的模拟研究．管理科学，2005（10）：65－74.

［36］汪辉．上市公司债务融资、公司治理与市场价值．经济研究，2003（8）：28－35.

［37］王江．转轨经济中银企关系的变迁与重构．金融研究，2002（3）：74－80.

[38] 王欣欣，周庭煜．关于我国银企关系的战略思考．金融研究，1996 (3)：52 –54.

[39] 王毅春，孙林岩．银企关系、股权特征与会计稳健性．财政研究，2006 (7)：70 –72.

[40] 吴敬琏．现代公司与企业改革．天津人民出版社，1994.

[41] 伍丽娜，陆正飞．企业投资行为与融资结构的关系．管理世界，2005 (4)：99 –105.

[42] 辛清泉，林斌．债务杠杆与企业投资：双重预算软约束视角．财经研究，2006 (7)：73 –83.

[43] 徐联初，肖晓光．信息不对称条件下的银企关系问题与产权因素．金融研究，2001 (8)：48 –56.

[44] 徐昕，沈红波．银行贷款的监督效应与盈余稳健性——来自中国上市公司的经验证据．金融研究，2010 (2)：102 –111.

[45] 亚诺什·科尔奈．短缺经济学，经济科学出版社，1986：34 –36.

[46] 杨建莹，钱皓．商业银行抵押贷款问题调查．金融研究，2008 (3)：79 –87.

[47] 于李胜．我国商业银行债权维护措施研究，投资研究，2008 (6)：21 –28.

[48] 袁淳，荆新，廖冠民．国有公司的信贷优惠：信贷干预还是隐性担保？——基于信用贷款的实证检验．会计研究，2010 (8)：49 –54.

[49] 张为国，王霞．中国上市公司会计差错的动因分析．会计研究，2004 (4)：24 –29.

[50] 张维迎．企业理论与中国企业改革．北京大学出版社，2000.

[51] 张五常．国企十点．党政干部文摘，2004 (11)：16 –17.

[52] 张跃龙，谭跃，夏芳．投资效率是被‘债务融资’束缚了

手脚吗？. 经济与管理研究，2011 (2)：46 - 55.

[53] 张兆国，曾牧，刘永丽. 政治关系、债务融资与企业投资行为——来自我国上市公司的经验证据. 中国软科学，2011 (5)：106 - 121.

[54] 朱凯，陈信元. 银企关系与会计信息稳健性——中国资本市场的经验证据. 中大管理研究，2006 (1)：30 - 42.

[55] 朱茶芬，李志文. 国家控股对会计稳健性的影响. 会计研究，2008 (5)：38 - 45.

[56] Aghion, P. and Bolton, P., 1992, "An Incomplete Contracts approach to Financial Contracting", *Review of Economic Studies*, 59: 473 - 494.

[57] Ahmed, A. S., Morton, R. M. and Stanford - Harris, M., 2000, "Accounting Conservatism and the Valuation of Accounting Numbers: Evidence on the Feltham - Ohlson (1996) Model", *Journal of Accounting, Auditing & Finance*, 15: 271 - 292.

[58] Ahmed, A. S., Billings, B., Morton, R. M. and Stanford - Harris, M., 2002, "The Role of Accounting Conservatism in Mitigating Bondholder - Shareholder Conflicts over Dividend Policy and Reducing Debt Costs", *The Accounting Review*, 77: 867 - 890.

[59] Anwer, S. A., Bruce, B., Marry, S. H. and Richard, M., 2000, "Accounting Conservatism and Cost of Debt: An Empirical Test of Efficient Contracting", *Working Paper.*

[60] Ayyagari, M., Demirguc - Kunt, A. and Maksimovic V., 2010, "Formal versus Informal Finance: Evidence from China", *Review of Financial Studies*, 23: 3048 - 3097.

[61] Bai, C., Li, D. D. and Wang, Y., 2000, "A Multitask Theory of State Enterprise Reform", *Journal of Comparative Economics*, 28: 716 - 738.

[62] Bajona, C. and Chu, T., 2010, "Reforming State Owned Enterprises in China: Effects of WTO Accession", *Review of Economic Dynamics*, 13: 800-823.

[63] Ball, R., 2001, "Infrastructure Requirements for an Economically Efficient System of Public Financial Reporting and Disclosure", *Brooking - Wharton Papers on Financial Services*, 127-169.

[64] Ball, R., Kothari, S. P. and Robin, A., 2000, "The Effect of International Institutional Factors on Properties of Accounting Earnings", *Journal of Accounting & Economics*, 29: 1-51.

[65] Ball, R., Robin A. and Sadka G., 2008, "Is Financial Reporting Shaped by Equity Markets or by Debt Markets? An International Study of Timeliness and Conservatism", *Review of Accounting Studies*, 13: 168-205.

[66] Ball, R. and Shivakumar, L., 2005, "Earnings Quality in UK Private Firms: Comparative Loss Recognition Timeliness", *Journal of Accounting & Economics*, 39: 83-128.

[67] Ball, R. and Shivakumar, L., 2006, "The Role of Accruals in Asymmetrically Timely Gain and Loss Recognition", *Journal of Accounting Research*, 44: 207-242.

[68] Barnes, A., Haugen, R. A. and Subnet L. W., 1980, "A Rationale for Debt Maturity Structure and Call Provisions in the Agency Theoretic Framework", *Journal of Finance*, 35: 1223-1234.

[69] Barro, R. J., 1976, "The Loan Market, Collateral and Rates of Interest", *Journal of Money, Credit and Banking*, 8: 439-456.

[70] Basu S., 1997, "The Conservatism Principle and the Asymmetric Timeliness of Earnings", *Journal of Accounting & Economics*, 24: 3-37.

[71] Beaver, W. H., 1998, "Financial Reporting: An Account-

ing Revolution", *Prentice – Hall.*

[72] Beaver, W. H. and Ryan, S. G., 2000, "Bias and Lags in Book Value and Their Effects on the Ability of the Book – to – Market Ratio to Predict Book Return on Equity", *Journal of Accounting Research*, 38: 127 – 148.

[73] Beaver, W. H. and Ryan, S. G., 2005, "Conditional and Unconditional Conservatism: Concepts and Modeling", *Review of Accounting Studies*, 10: 269 – 309.

[74] Beck, T., and R. Levine, 2002, "Industry Growth and Capital Allocation: Does Having a Market – or Bank – based System Matter?", *Journal of Financial Economics*, 64: 147 – 180.

[75] Belkaoui, A., 1985, "Accounting Theory", *San Diego: Harcourt Brace Jovanvich International Edition.*

[76] Benjamin, D. K., 1978, "The Use of Collateral to Enforce Debt Contracts", *Economic Inquiry*, 16: 333 – 359.

[77] Berger, A. N., Hasan, I. and Zhou, M., 2009, "Bank Ownership and Efficiency in China: What Will Happen in the World's Largest Nation?", *Journal of Banking & Finance*, 33: 113 – 130.

[78] Berger, A. N., Klapper, L. F., Peria, M. S. M. and Zaidi, R., 2008, "Bank Ownership Type and Banking Relationships", *Journal of Financial Intermediation*, 17: 37 – 62.

[79] Berger, A. N. and Udell, G. F., 1995, "Lines of Credit and Relationship Lending in Small Firm Finance", *The Journal of Business*, 68: 351 – 381.

[80] Besanko, D. and Thakor A. V., 1987, "Collateral and Rationing: Sorting Equilibrium in Monopolistic and Competitive", *International Economic Review*, 28: 671 – 689.

[81] Bester, H., 1985, "Screening vs. Rationing in Credit Markets

with Imperfect Information", *American Economic Review*, 75: 850 – 855.

[82] Bharath, S., Dahiya, S., Saunders, A. and Srinivasan, A., 2007, "So What do I Get? The Bank's View of Lending Relationships", *Journal of Financial Economics*. 85: 368 – 419.

[83] Bliss, J. H., 1924, "Management through Accounts", *The Ronald Press Coporation.*

[84] Boot, A. W. A., 2000, "Relationship Banking: What Do We Know?", *Journal of Financial Intermediation*, 9: 7 – 25.

[85] Boot, A. W. A. and Thakor, A. V., 2000, "Can Relationship Banking Survive Competition?", *The Journal of Finance*, 2: 679 – 713.

[86] Boot, A. W. A., Thakor, A. V. and Udell, G. F., 1991, "Secured Lending and Default Risk: Equilibrium Analysis, Policy Implications and Empirical Results", *Economic Journal*, 101: 458 – 472.

[87] Brooks, L. and Buckmaster, D., 1976. "Further Evidence of the Time Series Properties of Accounting Income", *The Journal of Finance*, 31: 1359 – 1373.

[88] Chan, Y. S. and Kanatas, G., 1985, "Asymmetric Valuation and the Role of Collateral in Loan Agreements", *Journal of Money, Credit and Banking*, 17: 85 – 95.

[89] Chandra, U., Wasley C. E. and Waymire, G. B., 2004, "Income Conservatism in the U. S. Technology Sector", *Working Paper.*

[90] Chen, H., Chen, J. Z., Lobo, G. J. and Wang Y., 2010, "Association Between Borrower and Lender State Ownership and Accounting Conservatism", *Journal of Accounting Research*, 48: 973 – 1013.

[91] Chen, J. Z., Lobo, G. J., Wang Y. and Yu, L., 2011, "Loan Collateral and Accounting Conservatism", *Working Paper.*

[92] Cole, R. A., 1998, "The Importance of Relationships to the Availability of Credit", *Journal of Banking & Finance*, 22: 959 – 977.

[93] Davidson, S., Stickney, C. P. and Weil, R. L., 1985, "International Accounting Concepts, Methods and Uses", *Dryden Press.*

[94] Dechow, P. M., 1994, "Accounting Earnings and Cash Flows as Measures of Firm Performance: the Role of Accounting Accruals", *Journal of Accounting & Economics*, 18: 3 -42.

[95] Dechow, P. M., Sloan, R. and Sweeney, A., 1995, "Detecting Earnings Management", *The Accounting Review*, 70: 193 -225.

[96] Dechow, P. M., Korhari, S. P. and Watts, R. L., 1998, "The Relation between Earnings and Cash Flows", *Journal of Accounting & Economics*, 25: 131 -214.

[97] Dechow, P. M., Hutton, A. and Sloan, R., 1999, "An Empirical Assessment of Residual Income Valuation Model", *Journal of Accounting & Economics*, 26: 1 -34.

[98] Detragiache, E., Garelia, P. and Guiso, L., 2000, "Multiple versus Single Banking Relationships: Theory and Evidence", *The Journal of Finance*, 3: 1133 -1161.

[99] Dietrich, J. R., Muller, K. L. and Riedl E. J., 2003, "Using Stock Returns to Determine 'Bad' versus 'Good' News to Examine the Conservatism of Accounting Earnings", *Working Paper.*

[100] Easley, D., Hvidkjaer, S. and O'Hara, M., 2002, "Is Information Risk A Determinant of Asset Returns?", *The Journal of Finance*, 57: 2185 -2221.

[101] Elgers, P. T. and Lo, M. H., 1994, "Reduction in Analysts' Annual Earnings Forecast Errors Using Information in Prior Earnings and Security Returns", *Journal of Accounting Research*, 32: 290 -303.

[102] FASB, 1980, "Statement of Financial Accounting Concepts No. 2: Qualitative Characteristics of Accounting Information", *Financial Accounting Standards Board.*

[103] Faccio, M., Masulis, R. W. and McConnell J. J., 2006, "Political Connections and Corporate Bailouts", *The Journal of Finance*, 61: 2597 - 2635.

[104] Fama, E. F., 1985, "What's Different About Banks?", *Journal of Monetary Economics*, 15: 29 - 39.

[105] Farinha, L. A. and Santos, J. A. C., 2002, "Switching from Single to Multiple Bank Lending Relationships: Determinants and Implications", *Journal of Financial Intermediation*, 11: 124 - 151.

[106] Feltham, G., and Ohlson, J. A., 1995, "Valuation and Clean Surplus Accounting for Operating and Financial Activities", *Contemporary Accounting Research*, 11: 689 - 731.

[107] Feltham, G., and Ohlson, J. A., 1996, "Uncertainty Resolution and the Theory of Depreciation Measurement", *Journal of Accounting Research*, 34: 209 - 234.

[108] Ferri, G. and Messori, M., 2000, "Bank - firm Relationships and Allocative Efficiency in Northeastern and Central Italy and in the South", *Journal of Banking & Finance*, 24: 1067 - 1095.

[109] Fraser, D. R., Gup, B. E. and Kolari, J. W., 2001, "Commercial Banking: The Management of Risk", *South - Western College Publishing.*

[110] Givoly, D. and Hayn, C., 2000, "The Changing Time - series Properties of Earnings, Cash Flows and Accruals: Has Financial Accounting Become More Conservative?", *Journal of Accounting & Economics*, 29: 287 - 320.

[111] Givoly, D. and Hayn, C. and Natarajan, A., 2007, "Measuring Reporting Conservatism", *The Accounting Review*, 82: 65 - 106.

[112] Greenwald, B. and Stiglitz, J. E., 1986, "Externalities in Economics with Imperfect Information and Incomplete Markets", *Quarterly*

Journal of Economics, 101: 229 - 264.

[113] Grossman, S. and Hart, O., 1982, "The Economics Information and Uncertainty", *University of Chicago Press.*

[114] Harhoff, D. and Korting, T., 1998, "Lending Relationships in Germany: Empirical Evidence from Survey Data", *Journal of Banking & Finance*, 22: 1317 - 1353.

[115] Harris and Raviv A., 1991, "The Theory of Capital Structure", *The Journal of Finance*, 46: 297 - 355.

[116] Hodgman, D. R., 1963, "Commercial Bank Loan and Investment Policy", Bureau of Economic and Business Research, University of Illinois.

[117] Holthausen, R. W. and Watts, R. L., 2001, "The Relevance of Value - relevance Literature for Financial Accounting Standard Setting", *Journal of Accounting & Economics*, 31: 3 - 75.

[118] IASB, 2001, "Framework for the Preparation and Presentation of Financial Statements", *International Accounting Standards Board.*

[119] IASB, 2010, "The Conceptual Framework for Financial Reporting 2010", International Accounting Standards Board.

[120] IASC, 1989, "Framework for the Preparation and Presentation of Financial Statements", *International Accounting Standards Committee.*

[121] Jarva, H., 2010, "Asymmetry in Cash Flows and Accounting Conservatism", *Working Paper.*

[122] Jensen, M., 1986, "Agency Costs of Free Cash Flows, Corporate Finance, and Takeovers", *American Economic Review*, 76: 323 - 329.

[123] Jensen, M. and Meckling, W. H., 1976, "Theory of The Firm: Managerial Behavior, Agency Costs and Ownership Structure",

Journal of Financial Economics, 3: 305 - 360.

[124] Jia, C., 2009, "The Effect of Ownership on the Prudential Behavior of Banks - The Case of China", *Journal of Banking & Finance*, 33: 77 - 87.

[125] Khan, M. and Watts, R. L., 2009, "Estimation and Empirical Properties of A Firm - year Measure of Accounting Conservatism", *Journal of Accounting & Economics*, 48: 132 - 150.

[126] King, R. G. and Levine, R., 1993, "Finance and Growth: Schumpeter Might be Right", *Quarterly Journal of Economics*, 108: 717 - 738.

[127] Koivu, T., 2009, "Has the Chinese Economy become More Sensitive to Interest Rates? Studying Credit Demand in China", *China Economic Review*, 20: 455 - 470.

[128] Lafond, R. and Roychowdhury S., 2008, "Managerial Ownership and Accounting Conservatism", *Journal of Accounting Research*, 46: 101 - 135.

[129] La Porta, R., Lopez - de - Silanes, F., Shleifer, A. and Vishny, R. W., 1998, "Law and Finance", *Journal of Political Economy*, 106: 1113 - 1155.

[130] Leeth, J. D. and Scott, J. A., 1989, "The Incidence of Secured Debt: Evidence from the Small Business Community", *Journal of Financial and Quantitative Analysis*, 24: 379 - 393.

[131] Leftwich, R. W., 1983, "Accounting Information in Private Markets: Evidence from Private Lending Agreements", *The Accounting Review*, 58: 23 - 42.

[132] Lin, J., Cai, F. and Li, Z., 1998, "Competition, Policy Burdens, and State - Owned Enterprise Reform", *American Economic Review*, 88: 422 - 427.

[133] Lin, J. and Tan, G., 1999, "Policy Burdens, Accountability, and the Soft Budget Constraint", *American Economic Review*, 89: 426-431.

[134] Lin, X. and Zhang, Y., 2009, "Bank Ownership Reform and Bank Performance in China", *Journal of Banking & Finance*, 33: 20-29.

[135] Linton, K. C., 2006, "Access to Capital in China: Competitive Conditions for Foreign and Domestic Firms", *Journal of International Commerce and Economics*, Web version.

[136] Mckinnon, R., 1973, "Money and Capital in Economic Development", *The Brookings Institution.*

[137] Myers, S. C., 1977, "Determinants of Corporate Borrowing", *Journal of Financial Economics*, 5: 45-175.

[138] Myers, J., 1999, "Implementing Residual Income Valuation with Linear Information Dynamics", *The Accounting Review*, 74: 1-28.

[139] Naughton, B., 1996, "Growing Out of the Plan", *Cambridge University Press.*

[140] Nikolaev, V. V., 2010, "Debt Covenants and Accounting Conservatism", *Journal of Accounting Research*, 48: 137-175.

[141] Ongena, S. and Smith, D. C., 1998, "Bank Relationships: A Review", *Working Paper.*

[142] Ongena, S. and Smith, D. C., 2000, "What Determines the Number of Bank Relationships? Cross-Country Evidence", *Journal of Financial Economics*, 9: 26-56.

[143] Ongena, S. and Smith, D. C., 2001, "The Duration of Bank Relationships", *Journal of Financial Economics*, 61: 449-475.

[144] Orgler, Y. E., 1970, "A Credit Scoring Model for Commercial Loans", *Journal of Money, Credit and Banking*, 2: 435-445.

[145] Parrino, R. and Weisbach M. S., 1999, "Measuring Investment Distortions Arising from Stock – holder Conflicts", *Journal of Financial Economics*, 53: 3 –42.

[146] Peek, E., Cuijpers, R. and Buijink, W. F. J., 2006, "Creditor's and Shareholder's Demand for Accounting Conservatism in Public versus Private Firms: Evidence from Europe", *Working paper.*

[147] Petersen, M. A. and Rajan, R. G., 1994, "The Benefits of Lending Relationships: Evidence from Small Business Data", *The Journal of Finance*, 49: 3 –37.

[148] Podpiera, R., 2006, "Progress in China's Banking Sector Reform: Has Bank Behavior Changed?", *Working Paper.*

[149] Ramalingegowda, S. and Yu, Y., 2012, "Institutional Ownership and Conservatism", *Journal of Accounting and Economics*, 53: 98 –114.

[150] Rajan, R. G., 1997, "Is there A Future in Banking? Towards A New Theory of The Commercial Bank", *Journal of Applied Corporate Finance.*

[151] Richardson, G. D. and Tinaikar, S., 2004, "Accounting Based Valuation Models: What Have We Learned?", *Accounting Finance*, 44: 223 –255.

[152] Roychowdhury, S. and Watts, R. L., 2007, "Asymmetric Timeliness of Earnings, Market – to – Book and Conservatism in Financial Reporting", *Journal of Accounting & Economics*, 44: 2 –31.

[153] Sapienza, P., 2004, "The Effects of Government Ownership on Bank Lending", *Journal of Financial Economics*, 72: 357 –384.

[154] Sharpe, S. A., 1990, "Asymmetric Information, Bank Lending, and Implicit Contracts: A Stylized Model of Customer Relationships", *The Journal of Finance*, 4: 1069 –1087.

[155] Shaw, E., 1973, "Financial Deepening and in Economic Development", *Oxford University Press*.

[156] Shleifer A. and Vishny R. W., 1997, "A Survey of Corporate Governance", *The Journal of Finance*, 52: 737 – 783.

[157] Shleifer A. and Vishny R. W., 1998, "The Grabbing Hand: Government Pathologies and Their Cures", *Harvard University Press*.

[158] Siebrasse, N., 1997, "A Review of Secured Lending Theory", *Working Paper*.

[159] Sloan, R. G., 1996, "Do Stock Prices Fully Reflect Information in Accruals and Cash Flows about Future Earnings?", *The Accounting Review*, 71: 289 – 315.

[160] Smith, J. M. and Skousen, K. F., 1984, "Intermediate Accounting", *South – Western Publishing Company*.

[161] Smith, C. W. and Warner, J., 1979, "On Financing Contracting: An Analysis of Bond Covenants", *Journal of Financial Economics*, 7: 117 – 161.

[162] Smith, C. W. and Watts, R. l., 1992, "The Investment Opportunity Set and Corporate Financing, Dividend, and Compensation Policies", *Journal of Financial Economics*, 32: 263 – 292.

[163] Stein, J. C., "Information Production and Capital Allocation: Decentralized vs. Hierarchical Firms", *The Journal of Finance*, 57: 1891 – 1921.

[164] Sterling, R. R., 1970, "The Theory of the Measurement of Enterprise Income", *University of Kansas Press*.

[165] Stickney, C. P. and Weil, R. L., 1994, "Financial Accounting: An Introduction to Concepts, Methods and Uses", *Dryden*.

[166] Stiglitz, J. E. and Weiss, A., 1981, "Credit Rationing in Markets with Imperfect Information", *American Economic Review*, 71:

393 -410.

[167] Stober, T., 1996, "Do Prices Behave as if Accounting Book Values are Conservative? Cross - sectional tests of the Feltham - Ohlson (1995) Valuation Paper", *Working Paper.*

[168] Stulz, R. M., 1988, "Managerial Control of Voting Rights: Financing Policies and the Market for Corporate Control", *Journal of Financial Economics*, 20: 25 -54.

[169] Tirole, J., 1994, "The Internal Organization of Government", *Oxford Economic Papers*, 46: 1 -29.

[170] Titman, S., 1984, "The Effect of Capital Structure on a Firm's Liquidation Decision", *Journal of Financial Economics*, 13: 137 -151.

[171] Triantis, G. G., 1992, "Secured Debt under Conditions of Imperfect Information", *The Journal of Legal Studies*, 21: 225 -258.

[172] Watts, R. L. and Zimmerman, J. L., 1986, "Positive Accounting Theory", *Prentice - Hall.*

[173] Watts, R. L., 1993, "A Proposal for Research on Conservatism", *Working Paper.*

[174] Watts, R. L., 2003, "Conservatism in Accounting Part I: Explanations and Implications", *Accounting Horizons*, 17: 207 -221.

[175] Watts, R. L., 2003, "Conservatism in Accounting Part II: Evidence and Research Opportunities", *Accounting Horizons*, 17: 287 -301.

[176] Wette, H. C., 1983, "Collateral in Credit Rationing in Markets with Imperfect Information: Note", *American Economic Review*, 73: 442 -445.

[177] Williamson, O. E., 1988, "Corporate Finance and Corporate Governance", *The Journal of Finance*, 43: 567 -591.

[178] Wolk, H. L., Francis, J. R. and Tearny, M. G., 1989, "Accounting theory: A Conceptual and institutional approach", *PWS -*

KENT Publishing Company.

[179] Wood, J. H., 1975, "Commercial Bank Loan and Investment Behavior", *New York*: *Wiley.*

[180] Xu, L., Zhu, T. and Lin, Y., "Politician Control, Agency Problems, and Ownership Reform: Evidence from China", *Economics of Transition*, 13: 1 – 24.

[181] Yasuda, A., 2007, "Bank Relationships and Underwriter Competition: Evidence from Japan", *Journal of Financial Economics*, 86: 369 – 404.

[182] Zhang, J., 2008, "The Contracting Benefits of Accounting Conservatism to Lenders and Borrowers", *Journal of Accounting & Economics*, 45: 27 – 54.